湛庐 CHEERS

与最聪明的人共同进化

HERE COMES EVERYBODY

CHEERS
湛庐

重新发明工作

Work without Jobs

[美] 拉万·杰苏萨桑 Ravin Jesuthasan
约翰·布德罗 John W. Boudreau 著

粟志敏 译

浙江科学技术出版社·杭州

测一测

你了解人工智能时代工作的发展趋势吗？

扫码加入书架
领取阅读激励

扫码获取全部测试题及答案，
一起解锁未来工作机制的
密码

- 新工作机制最重要的特征就是高效地匹配能力和任务，在这一机制下，岗位负责人与岗位之间应当建立起什么样的关系？（单选题）

  A. 一对一关系

  B. 多对多关系

- 关于新旧工作机制本质，以下哪项描述是正确的？（单选题）

  A. 新工作机制认为工作是稳定不变的岗位

  B. 传统工作机制寻求人类和自动化技术的结合

  C. 新工作机制把员工看作拥有多样化能力的完整个体

  D. 传统工作机制致力于构建民主化工作生态系统

- 组织在进行工作设计创新时，需要考虑员工的意见，员工在此机制下应被赋予以下哪种角色？（单选题）

  A. 领导

  B. 顾客

  C. 家人

  D. 同事

扫描左侧二维码查看本书更多测试题

人工智能时代，工作需要被重新“发明”

况　阳
组织发展专家，OKR 深度实践专家

人工智能时代来了！

当 2016 年有人这么说时，一定不会有多少人相信，以为那不过是技术人的自我贴金，是在“刷存在感”。那一年的 3 月 16 日，人工智能领域发生了一件大事——谷歌的 AlphaGo 战胜了人类围棋冠军李世石。五局对战，人工智能以 4 比 1 的压倒性优势胜出。这是继 1997 年 IBM 的“深蓝”机器人战胜国际象棋大师卡斯帕罗夫后，人工智能领域取得的又一个里程碑式胜利。战胜国际象棋大师本已不易，而战胜围棋大师就更是难上加难，要知道一直以来，围棋都被视为人类最后的智力自留地。从计算量上看，围棋的难度是象棋的 1 亿倍。但即便如此，不少人依然选择漠视，仍旧嘲笑人工智能是“人工智障”。

很快，时间来到了 2022 年 11 月 30 日。这一天，一个叫 OpenAI

的“小”企业，发布了一款名叫 ChatGPT 的产品，瞬间惊艳全球，让人类第一次集体感受到了人工智能的强烈冲击。创新工场创始人李开复称之为“人类历史上最大的一次平台革命”；腾讯 CEO 马化腾更是将其形容为“几百年难得一遇的、类似发明电一样的历史机遇”。

自那一刻起，人工智能的发展突飞猛进。到 2024 年，它已渗透到了人类生活的方方面面，连最为“高冷”的诺贝尔奖都无法忽视它的存在了。这一年，诺贝尔物理学奖授予了约翰·霍普菲尔德（John Hopfield）与杰弗里·辛顿（Geoffrey Hinton）两人，以表彰他们为机器学习、深度学习等人工智能技术的快速发展做出的突出贡献。与此同时，诺贝尔化学奖也授予了在运用人工智能预测化学结构方面做出开创性工作的科学家们。人工智能，这个曾被人嘲笑、被人视为边缘的研究方向，终于走到了时代的正中央。

至此，还有谁会质疑人工智能时代已来的事实？

如今的人工智能，早已不再是工程师手中的技术玩具，也不再是只会写诗陪聊的“话痨”，而是实实在在的革命性生产力利器。对此，华为创始人任正非先生看得尤为透彻，他断言：“人工智能的潜力巨大，可能成为人类社会最后一次颠覆性的技术革命。”

而这场革命，给职场人带来的最直接、最迫切的冲击就是——工作的范式正在被彻底改写。

当工作迎来“大洗牌”

回望历史，每一次技术革命，都会掀起一次工作的“大洗牌”。

当蒸汽机轰鸣登场，畜力和人力开始显得难堪大用。曾风尘仆仆、行走千里的挑夫与马夫，一夜之间被铁轨和轮子取代，靠力气吃饭的时代轰然落幕。

当信息技术横空出世，办公室里沙沙作响的打字机逐渐归于沉寂。那些以手速为生的打字员、操着算盘飞舞的记账员，也在文字处理软件和财务系统面前无声退场。

那么这一次，将要离场的又会是哪些工作呢？翻译、设计、写代码和金融分析……这些曾经被认为高度专业化的白领型脑力工作，在未来还会那么高枕无忧吗？

如果机器能不眠不休、永远“在线”，那么很容易就疲惫、轻易就产生情绪的人类，还能做些什么，才能展现和机器不一样的价值？

而这，正是《重新发明工作》一书的深意所在。

作者并没有落入“技术替代人”的恐慌叙事，而是提出了一个更有建设性的视角：不要一味去迎合技术，而要让技术服务于工作。也就是说，要“人机协作”而非“人机对抗”，这才是更明智之举。正如书中所提及的，自动化技术极少可能完全取代员工，更多的是在新的任务配置中与员工融合。

作者还主张，要从任务本身出发，先“解构”原来的工作，再基于任务灵活“重构”工作。换言之，未来工作的核心是“事”，而非“岗”，对工作进行“解构”和“重构”也将成为未来工作的常态。**这不仅是对工作岗位本身的调整，更是对人、事与价值创造关系的全面重塑。**

为此，作者提出了新工作模式应当遵循的 4 大原则：

1. 从任务出发，而非固守岗位。
2. 深度结合技术，而不是将其视为敌人。
3. 审慎评估各种用工形式，而非简单雇用人。
4. 让人才随工作流动，而非固守岗位设定。

这些原则，既前瞻，也可行，它们在一个个鲜活的企业案例中转变成切实可落地的具体做法。而这也意味着，本书不仅是一本思想之书，更是一本操作指南：

- 它不仅指出了趋势，还给出了解法。
- 它不仅提供了原则，还配上了落地工具。
- 它不仅讲技术，还回到人的成长与赋权。

以不变的成长力穿越动荡

正因如此，我愿称这本书为“后疫情[①]时代的工作手册”。它不是专

① 这里的疫情指新型冠状病毒感染疫情（简称“新冠疫情”）。——编者注

为应对人工智能的挑战而写，但又处处着墨于人工智能。你也不一定熟悉书中的案例企业，却并不妨碍你从案例企业的做法中得到全新启示。

华为有一个非常著名的人力资源十六字方针叫“以岗定级、以级定薪、人岗匹配、易岗易薪”，它是华为人力资源体系的基石性原则。只是，不知道这十六字方针在不久的将来会不会被调整成“以人为本、人事匹配、以绩定薪、易绩易薪”？毕竟，如果环境变化过于剧烈，那么在组织中设置固定岗位的做法就显得不切实际。若果真如此，从以岗位为中心转向以人为中心，从静态职责走向动态任务，或许更符合时代的需要。

读罢全书，掩卷沉思，我不禁生出一种“英雄所见略同”的感受。或许，也是因为大道相通之故。

在腾讯工作期间，我主导过一个类似谷歌“氧气项目”的专项研究，试图回答一个愈发急迫的问题：当团队越来越分散，技术越来越智能，管理该如何升级，才能带领团队走出低效陷阱？最终，在研究分析了近万人的样本之后，我们构建出了一套“团队增效的五力模型”——信任力、目标力、规则力、中台力、成长力。这套模型，我在《腾讯增效密码》一书中做了详细介绍。

有趣的是，在这本《重新发明工作》中，我找到了诸多共鸣：

- 作者讲的“工作自动化”，对应五力模型中的“中台力”。
- 他强调“终身学习”，正是五力模型中“成长力”的核心要义。
- 他提倡“赋权员工”，不就是五力模型中“信任力”的底层逻辑吗?

我们身处不同的文化、背景与行业，但在应对同一时代命题时，竟然走向了同一方向。或许，这就是时代本身的召唤，也是未来的趋势。

人工智能时代来了，它真的来了，它正剧烈地重塑着我们的工作形态。

但是，请不要惊慌，请拥抱它，而不是排斥它。

面向未来，我们更应该思考的，不是如何保住静态的“岗位”，而是如何更好地解构任务和更灵活地重组自己的能力，这样才能以不变应万变，立于不败之地。

这本书，值得每一位在人工智能浪潮中思考未来工作形态的人反复阅读。**它不仅会让你看到趋势，更会让你产生“动手去做”的冲动。**

人工智能时代，工作的重构，从你我此刻的思考开始。

愿你在这充满不确定性的人工智能时代，始终保有一颗学习的心，以不变的成长力，穿越动荡，理解、拥抱、解构，甚至“重新发明”未来的工作。

目 录

WORK
WITHOUT
JOBS

引　言

打破岗位限制，建立新工作机制

我们先来动动脑筋，看一道有趣的题目：假设给你一支蜡烛、一盒图钉和一盒火柴，你怎样才能将蜡烛固定在墙上，且保证点燃蜡烛后不会将蜡油滴落到地板上？方法是先把图钉全部拿出来，然后用图钉将空盒子固定在墙上，再将蜡烛放在盒子里。在这个实验中，如果你拿到材料时，图钉在盒子里，那么你通常无法找到问题的答案；而如果在一开始，图钉就在盒子旁，那么你一般能轻松解决问题。

通常情况下，工作任务被“打造”成了类似于图钉盒的岗位职责。岗位职责包括能力要求、绩效指标和奖励举措等大量内容。这种对工作的定义掩盖了一些可用来提升全体员工的生产率、敬业度和一致性的宝贵机会。要利用这些机会，组织必须拥有“解构”和“重构”这两种至关重要的新兴能力。“解构”是指对岗位进行重新思考，分析任务、项目和其他潜在的工作组成元素，并从能力和技能角度对岗位负责人的职责进行反思。“重构”则指打破岗位和岗位负责人的限制，用新方式对工作的组成元素进行重新组合。这个过程类似于解答上文中提到的那道蜡烛谜题。图钉盒和图钉被分开重组，盒子不再用来装图钉，而能同其他物品组合发挥更大的作用。在新工作机制下，对工作的解构和重构会持续进行，这将为组织、组织领导者和员工提供更多选择。我们也必须从根本上反思“工作”“领导力”“企业文化”“组织”等概念。

未来的工作环境会不断发展变化，组织所面临的窘境非常类似于上文中的蜡烛谜题。现在，是时候打破岗位限制，将“图钉”从“盒子”里拿出来了。

要了解未来工作的发展趋势并有效应对，我们就必须进行这类解构和重构。我们可以从工作自动化（如人工智能和机器人）和替代性工作形式（如零工）开始尝试解构和重构工作。工作自动化和替代性工作形式给我们带来一些机遇，而既有的工作定义会妨碍我们抓住这些机遇。我们只有从工作元素的层面着手，才能发现工作的关键构件，了解并优化未来的工作。

人工智能时代的新工作机制

本书将探讨为什么工作在未来的发展中越来越多地依赖解构后的工作元素（任务和项目等）与员工（技能和能力等），以及解构后的工作元素和员工如何影响工作的未来发展。这些都是新工作机制的内容。

让我们来看看计算机、平板和手机上的操作系统。操作系统是一种软件，负责与硬件进行连通，使其他程序得以运行。从根本上来说，操作系统会对协议和连接元素进行选择。比如，使用苹果操作系统和使用微软 Windows 操作系统的设备之间存在差异。在使用苹果操作系统的设备上，我们通过滑动屏幕来进行操作；在采用微软 Windows 操作系统的设备上，我们则通过点击来进行操作。这些协议最终变为一种背景，大家难以注意到这些差异或对其有所质疑。但在这些设备上运行的外部软件必须分为两个不同的版本，以兼容不同的操作系统，这时两者的差异就变得格外明显。

同理，工作机制也是一种支持员工工作的基本系统，连接了外部程序和组织内部的工作体系。

传统工作机制将工作任务封装成各个岗位，员工们则通过雇用关系成为岗位负责人。与电脑或手机的操作系统一样，工作机制对工作关系的运行也设置了一定的要求。岗位头衔、岗位等级以及岗位任职资格等成为工作中公认的语言。岗位是工作的基本单位。教育体系、社会政策和工会等外部端口会根据不同岗位来调整各自的交互，与“操作系统”连接起来。社会会告诉你什么是“好岗位”；员工们的声音通过“为员工发声的工会”来体现；工作体验被打造成“员工体验”或“员工价值主张”。传统工作机制通常建立在岗位这一基础之上，已经慢慢变成一种被人习以为常的背景。但当新挑战出现时，传统工作机制又变得格外突兀。

例如，自动化技术很少会取代员工完成岗位的所有工作任务，而只是完成其中的一部分，其余的依然由员工完成。如果目前某岗位 80% 的工作任务由员工负责完成，其余 20% 由自动化技术来完成，那么这个岗位该如何定义呢？如果员工只负责某岗位 80% 的工作任务时，生产率可以提高 50%，那么这个岗位的定义会变得更加棘手。组织如何确定员工的薪资？只有对工作任务进行解构，重新考虑整体情况，我们才能找到问题的答案。自动化技术将迫使我们对工作任务进行持续的解构和重构。

本书提出，随着世界变化速度的加快，组织必须拥有一定的敏捷性。自动化技术的出现和应用，提高组织自身的多元化和公平性的需求，再加上多种工作形式的出现，等等，这些因素都表明：当前基于岗位和岗位负责人的传统工作机制太过碍手碍脚，不适应未来的发展。本书将介绍一种新工作机制，它将对岗位进行解构，再将岗位组成元素重组，持续地对工作任务进行重构。这也意味着整个工作体系（如人力资源规划，人才的寻找和遴选，人员的部署、发展、招聘、奖励等）必须做出改变，以适应这种新的工作语言。我们将通过案例直观地说明优秀企业应该如何进行工作解构和重构，如何在工作自动化和员工招募方面走在前沿。这些案例也能进一步揭示这些企业如何打造和实施新工作机制，让大家从中看到未来工作的发展方向。

读者可借助本书了解自动化、人工智能和机器人技术、零工经济及未来的工作形式等新兴事物，并且做好更充足的准备来迎接这些新事物。我们将介绍如何立足于充分的证据，以务实的手段来建立新工作机制，改变大家对员工和工作形式的规划、寻找、部署、发展和投资管理。传统观点认为基于岗位的工作机制是无法改变的，而我们将让大家明白，这个基本假设需要进行反思。

工作自动化很少只是用机器人、聊天机器人或人工智能来取代特定岗位上的员工。相反，多数情况下，工作自动化要对工作任务进行重构，要求员工和自动化技术相互配合。此前由员工完成的一些任务现在交由自动化技术完成，但很多此前由员工负责的任务仍然要交给员工负责。比如，在传统的基础设施检修工作（如电力线和管道线的检修）中，一个岗位通常包含多项工作任务，如检测、数据记录、潜在故障诊断以及故障维修等。新工作机制则逐渐让员工与无人机或传感器配合，由无人机或传感器执行检测和数据记录的任务，员工可以将精力放在诊断和制定创造性维修方案上。维修工作又由遥控引导的自动化机器完成。如果大家只是想着“自动化技术将会取代多少个检修人员”，就不可能对工作进行这样的重构。但如果大家对岗位进行解构，根据员工和自动化技术的特征来对每项任务进行优化，那么这个岗位将能轻松得到重构。

同样，替代性工作形式（如合同工、自由职业者和志愿者）极少能完全替代正式员工。实际上，此前由正式员工负责的某些岗位任务，现在或许可以交给合同工或自由职业者，不过其余工作任务还要由正式员工完成。以银行柜员或零售店导购为例，按照传统的岗位安排，银行或零售店必须安排一个人在现场办公，负责为顾客提供帮助、摆货，并且记录交易和库存。但云技术让员工可以远程完成部分任务，比如，为线上购物者提供咨询，介绍银行的各种业务，处理顾客投诉和退货问题，分析顾客数据，通过了解顾客的购物模式来改进产品和服务，等等。如果工作任务可以在家远程完成，员工就可以通过远程平台上班。

但远程工作只占此前现场工作的一部分。零售店和银行等工作场所仍然需要有员工在现场开展一些工作，例如，需要现场工作人员协助到店的顾客，并且提供线下交易服务。一些工作任务在远程完成后，现场工作人员可以投入更多精力来为顾客提供优质的线下服务，并且利用云数据提供个性化的线下服务。再进一步发展，那些能够远程完成的工作任务可以交由自由职业者通过平台来完成，而无须全职员工来完成。这些变化也让我们看到，同工作自动化一样，一些工作任务此前由现场的全职员工负责，现在则可以通过替代性工作形式交由他人完成。

传统工作机制会将员工能力定式化，因为在传统工作机制下，员工等同于岗位负责人。在从事某个岗位的工作时，他们的技能和能力要与相应的岗位要求匹配，他们的职业生涯就是一连串岗位的变化轨迹。很多组织都有自己的员工能力体系，从而更细致地明确阐述了各岗位的能力要求。组织主要根据这些能力体系来评估员工能否胜任未来的岗位工作，但就连这些能力要求也是按照相对固定的顺序列出的。传统工作机制同样会考虑员工的教育情况，也就是“学位”或“学历”，借此将学位与岗位挂钩。随着市场变化速度的加快，不管是员工还是组织都被要求提高其敏捷性，那些传统的方法也就越来越多地受到了人们的审视。例如，一些大学正在尝试将学位与能力要求解绑，由此招聘组织能更清楚地了解获得学位所要求的各项能力，并能进一步分析那些解构后的能力是否匹配组织的工作需求。但就算如此，这种做法的目的还是让学生成为岗位负责人。当岗位本身在不断变化时，这种做法就会面临巨大的挑战。要应对这些挑战，就要建立新工作机制。有了新工作机制，我们就可以根据解构后的工作任务来匹配合适的、解构后的员工能力。

组织内部的人才市场有时候被称为内部零工市场。人们普遍认为员工一次只能从事一个岗位的工作，而内部人才市场对这一观念提出了挑战。这些内部平台将岗位解构成任务或项目，员工可以通过平台选择这些解构后的工作元素。他们通常在自身岗位工作之外再选择承担某个项目或任务，参与同本岗位不直接相关的项目或团队，或者为与自身岗位不直接相关的组织贡献一份力量，展现出在自身岗位无法充分发挥的一些能力。这些平台不仅对岗位进行解构，还会对员工在承担项目和任务中所发挥的能力和技能进行跟踪，并向他们反馈开展新项目和任务所需的能力和技能。由此这类内部人才市场对员工进行了解构，将他们分解成更细化的技能和能力。员工们在当前的岗位上会用到部分技能和能力，但组织看到了他们掌握的众多其他技能和能力，这些技能和能力可以通过平台在解构后的工作任务上得到发挥。

“解构后的员工”可能会让人感觉员工只是各种能力的载体，缺乏个性。另一个常被用到的概念是“流动”工作和“流动员工”。有人认为“流动员工”同样忽视了员工的个性，甚至会让读者想起电影《绿野仙踪》（*The Wizard of Oz*）中坏女巫被水融化时令人不安的画面。但新工作机制能给我们带来的完全是另一面，即更人性化的工作参与方式。这种工作机制能发现和利用员工们的一些能力，而这些能力与当前或未来的岗位无关，因此此前被大家忽视。通过发现和利用这些隐藏能力，公司可以让员工“整个人”都参与到工作中。例如，在某传媒公司，会计可以通过内部人才市场发挥新的作用，为新电影预告片的旁白配音。如果采用基于岗位的传统工作机制，这位会计的隐藏能力就会被大家忽视。在新工作机制下，解构后的任务和员工们解构后的能力都可以被大家看到，并进行了新的匹配，比如那位会计得到了新的工作角色，也让他个人在组织里的形象变得更加完整。

我们为什么需要新工作机制

零工、人工智能和机器人等工作形式日渐多样化，岗位很快将不再是人们参与工作的主要途径。将工作局限于岗位，将员工局限于岗位负责人，这种观点会导致组织无法发现或优化其他各种员工参与工作的方法，以及员工与自动化技术的结合方式。

我们相信，解构是实施众多社会政策提议的核心，这些提议旨在让工作关系变得更加密切、高效、公正和透明。就算是全职正式工作，也会日渐带有新工作机制的特征。此前，工作最基本的单位是岗位，员工则是岗位负责人（正式工或合同工）。通过重新定义这些概念，我们发现，以岗位为基础的传统工作机制无法适应现在的发展。

事实上，社会保障制度仍然建立在工作（即岗位）和岗位负责人（即员工）的概念之上。政策制定者和一些人抱怨社会保障制度无法支持和保护那些不是正式员工的工作者，并施压迫使组织将这类工作者重新归属为正式员工，这样这类工作者才能享受面向正式员工的一些福利，如医疗保险、退休金、失业保险及组建工会与雇主进行协商的机会等。政策制定者在制定劳工政策或未来的工作解决方案时，通常着眼于保留、恢复或创造过去的“好岗位”，但这种只盯着岗位的做法限制了工作解决方案的潜能。

新的工作关系打破了雇用关系的限制。如果政策制定者想推动国家经济体适应工作关系的变化，就必须将更多注意力放在新的工作形式上。未来，政策制定者、工作岗位研究者、企业负责人和员工不能再用“被取代的岗位负责人”来形容工作经历的发展演变。他们必须摈弃这种想法，将员工视为“全球自由职业专家”。

“将工厂搬回美国”是个棘手的问题，甚至最多只算是一种临时解决方案。《经济学人》杂志指出：“制造业的半熟练工种不会被搬回美国或其他任何地方，因为这些工种不是简单地被迁往国外。为了提高生产率和降低成本，这些工种已经被淘汰，这也加剧了常规工种和制造业其他工种之间的差别。”

《华尔街日报》报道称，制造企业莱克斯诺（Rexnord）打算将工厂迁往墨西哥，并要求一位有着 12 年工龄的资深机械师培训即将取代他的墨西哥员工。这位机械师告诉《华尔街日报》：“真是倒霉透顶，要求我培训取代自己的人，培训会把我的面包吃掉的人。”但雇主不必因为工厂迁址而一刀切地解雇自己的美国员工。莱克斯诺公司的机械师现在是培训师。在新工作机制下，我们可以将岗位进行解构，把培训（这项任务要求执行者有丰富的经验）和机器操作（在培训后可由经验有所欠缺的人来做）这两项任务分解开来。这位机械师不是仍然可以通过远程培训新机械师来赚得一份收入，创造价值吗？在自由职业者平台 Upwork 上就有“自由职业网络培训师”的岗位，这个岗位的工作就是通过网络视频进行职业培训。那么，企业为何不用类似的平台让某个地方经验丰富的操作工来培训另一个地方不太熟练的操作工，从而为员工和企业创造经济价值呢？

各种危机性事件让人们越来越坚定一个想法，即数量日渐增多的知识工作或许可以被纳入“零工经济”范畴，也就是说这类工作可以通过各种平台来开展，只是“零工经济”这个词不太恰当。组织或个人可以通过各种能提供零工或兼职的平台（如优步、Lyft 等）寻找和招募程序员、专利律师及传媒工作者等其他职业人员，为他们匹配合适的工作任务，并向他们支付薪资。

这类平台也已经做好准备应对工作外移问题。这些平台的重点服务对象是零工，所以人们常常会忽视平台协助传统员工的潜力。麦肯锡全球研究院的报告估计，截至 2025 年，在线人才平台可以将全球就业率提高 2.4%。此外，人才平台可以帮助全球超过 2.3 亿名员工减少岗位搜索时间，既缩短了员工们的失业期，也为他们提供了通过其他渠道可能无法获得的机会。大家可能觉得，工作机制流动性提高的隐性价值是“无形经济”的一部分，是组织可以获取的价值，但这种价值不容易纳入传统的财务指标，且只存在于传统的组织边界之外。

如果我们想扩大人才平台的覆盖面，就必须对当前的岗位进行解构，扩展关于员工能力和机会的语言，打造一个得到企业、政府、利益相关者和人力资源人士共同支持的生态系统。这项工作的投资相当庞大，但也能创造巨大的社会价值和经济回报。

人们通常会要求企业、政府和社会能解决工作外移所带来的困难，但保留或迁回过去的“好岗位”正日渐变得不切实际。解决这类重要问题的方案不能只着眼于岗位，还应包括建设更优质的人才平台与质量更高的体系来帮助人们注意、发现和使用这些平台。岗位和岗位负责人的概念不足以满足不断变化的工作生态系统的市场匹配需求，也同样无法满足人类的基本需求，如收入、医疗卫生保障及退休金等。这些需求必须更好且更高效地同工作挂钩，而工作是指解构后的工作任务和员工能力。

关于劳动力的准备和供应问题，组织、政策制定者和教育提供者都在全力解决一个难题，即传统的学历学位教育在面对招聘机构不断变化的能力要求时反应迟缓。他们需要反思教育和资格证书，灵活处理二者之间的关系，从更细化的层面让在获得某学历或学位教育的过程中所培养的技能与工作要求更加匹配。也正因如此，人们广泛采纳了“以技能为基础”的方法，在教育和工作之间搭建桥梁。这种方法将学位解构为各种技能，希望学习者在接受教育的过程中获得一系列资格证书，在资格证书承认的技能范围内从学习状态直接过渡到工作状态，也可以从工作单位回到学校，学习未来的工作所要求的下一套技能。按照这种最终形式，这类教育体系不再立足于提供与岗位相匹配的学历，而立足于培养与解构后的工作任务和项目相匹配的技能。由此，教育提供者、学生和组织不再抱怨学历教育难以适配岗位要求，也不再抱怨难以根据岗位变化来调整学历教育。相反，解构后的员工技能让我们看到了一些只探讨学位和岗位匹配问题时无法看到的新机会。

用新工作机制引领组织未来

组织领导者需要一种新工作机制来更好地体现工作和员工的流动性，更好地支持组织的敏捷性。我们在两本书籍《岗位重构》（*Reinventing Jobs*）和《未来的工作》（*Lead the Work*）中提出，组织领导者、员工和工作机制必须能越来越多且持续地将岗位和员工解构成任务、技能和能力等更小的单位。

《未来的工作》一书提出，要想探索寻找、奖励和吸引员工的新方法，工作解构是必不可少的。部分工作任务最好由全职员工完成，其他部分则可交给自由职业者、合同工、志愿者和相关参与者负责，或者采用其他工作形式完成。《岗位重构》一书则将这些概念进一步延伸，纳入了工作自动化。几乎所有关于工作自动化的科学研究都显示，“自动化技术完全替代人类员工”的现象非常罕见。相反，只有懂得如何组合人类员工和自动化技术，工作自动化才能得到优化。要了解并预见自动化技术如何辅助或改造员工的工作，组织领导者就必须对工作和员工进行解构。如果深陷于岗位和员工的传统框架中，组织领导者就难以理解和优化工作自动化。

我们在此前撰写的几本书中探讨了工作解构的效果，也介绍了在雇用关系之外，工作解构能阐明、发现和优化工作解决方案，从而对员工与自动化技术进行综合使用。在本书中，我们将介绍组织如何真正地实施工作解构，从而收获诸多益处。

我们会首先介绍新工作机制的原则和组成元素，接着用现实生活中的案例对新工作机制加以说明。我们与众多大型跨国企业共同进行了大量实地调研，也同世界经济论坛以及全球人力资源、就业方式、人才和企业重构联盟（the Global Consortium to Reimagine HR, Employment Alternatives, Talent, and the Enterprise，CHREATE）等知名机构就人力资源未来的发展进行了研究。我们研究的案例生动地阐述了新工作机制的原则和组成元素如何提供独特的新框架，帮助大家解决重大的新工作难题。这些案例提供的方法，可以帮助组织领导者设想如何在实际工作中应用新工作机制的原则和组成元素所提供的框架。

当然，借用威廉·吉布森（William Gibson）的话“未来的分布并不均匀”，新工作机制同任何新兴的变革一样，在不同领域的发展并不均衡。组织可能会发现，很多工作依然可以通过传统工作机制得到良好的管理，

“员工”依然与岗位挂钩。但组织并不能以此为托词，忽视未来的工作发展趋势，或是忽视对工作和员工进行解构的需求。我们在实地调研工作中也发现，最需要新工作机制的工作通常正处于转折点，即处于新技术来临或新的工作形式变成更理想的选择时。在这种情况下，组织领导者会意识到要充分发挥工作和自动化技术的潜能，根源不在于技术进步，而在于优化工作，而做到这一点的前提就是建立与过去截然不同的工作范式。人工智能和机器人技术正在世界各地开花，这一转折点正影响着越来越多的组织和组织内的工作。本书将重点着眼于上述转折点，帮助组织领导者分析组织内哪些领域存在或即将出现这些转折点。组织领导者将在本书的引导下做好准备，迎接未来的工作。

工作自动化：结合员工与自动化技术

工作自动化的表述通常比较简单，即新技术将取代多少岗位。例如，随着自动柜员机的数量增多，银行柜员的数量也在增多。1985 年，美国自动柜员机和银行柜员的数量分别为 6 万台和 48.5 万人。到 2002 年，这两个数字分别增长为 35.2 万台和 52.7 万人。

詹姆斯·贝森（James Bessen）解释了为什么自动柜员机的增多会导致银行柜员增多。每家银行的分行过去通常会有 20 名员工，随着自动柜员机的广泛使用，员工的数量减少到 13 人，银行开设分行的成本由此得以降低。与此同时，随着交易量的飙升，银行开始通过提供更优质的客户服务来抢夺市场，从而推动了分行数量和员工数量的增多。相比于过去的银行柜员，这些银行员工处理的任务要复杂得多。最近，个人电子设备和云计算金融交易正在进一步改变银行的工作。近十几年里，美国关闭了 8 000 余家银行分行（平均每个州有 150 余家），如今有超过 90% 的交易都是在线完成，但银行员工的数量相对稳定，维持在200万人左右。银行分行依然是实体网点，不过员工可以拿着智能手机或平板现场为客户提供帮助。客户现在也可以在线寻求银行员工的帮助，美国银行正在这方面进行新的尝试，即建设混合型银行。混合型银行是无人值守的小型迷你银行，客户可以通过视频直接连线银行员工。

自动柜员机的案例对商业组织领导者、员工和政策制定者来说，是一个重要的参考对象。这个案例生动地解释了为什么“技术替代人类岗位”这类简单的想法在非常诱人的同时又相当容易误导大家。解决工作自动化所面对的组织、社会和战略挑战的关键就在于培养一种核心的未来能力，即对员工和自动化技术不断变化的组合方案进行优化。

银行柜员的一些任务，如记录信息、与计算机进行交互等，实际上极易被自动化技术所取代。银行柜员的其他任务，如协助和关照客户、解决冲突并与客户谈判及向客户解释信息的含义等，则不太可能被自动化技术所取代，但可以借力于信息或决策算法的改进。不过，员工与自动化技术的结合仍然可以对柜员的一些任务（如做出决定并解决问题）进行改造。这时，自动化的数据库和决策规则能够提升人类的知识量和判断质量。最终，银行柜员这个岗位会不断发展演变，现在已经很少执行一些传统的重复性任务，而且也出现了一些远程的柜员，他们的工作要通过同自动化技术的合作来得到系统化的提升。

就算是现在，组织领导者也常常会拿到关于自动化技术的提议书。这些提议书的潜在逻辑就是用自动化技术取代员工，并且会从降低人工成本的角度来计算自动化技术的投资回报。诚然，成本效益通常不会是唯一的投资目的。很多组织投资自动化技术的目的是提高速度、增强可靠性、获得深刻的见解，以及提升顾客价值。但就算是为了达到这些目的，组织的操作模式也常常是在员工的工作上采用自动化技术，而没有考虑如何结合员工和自动化技术，也缺乏有用的框架来实现二者的结合。自动化技术的推行常常存在工作设计和再设计方面欠缺考量的问题。要解决这个问题，答案就在于建立一种新的工作机制，将员工的工作解构和重构为任务与能力。

开放的多元化工作形式：新工作生态系统

越来越多的工作不再只是由全职员工完成。在新工作机制下，工作不与任何特定的形式挂钩。**要让各种人员参与到工作中来，组织就必须综合各种工作形式，不能局限于工作者必须固定在岗位上的传统观念。**这些新的工作形式包括：

- 合同工。
- 自由职业者。
- 志愿者。
- 零工。
- 内部人才市场（全职员工可在整个组织内参与项目和执行任务，不受自身岗位的限制）。

诚然，岗位上的全职员工也应该是新工作形式中的一种，但不应是唯一一种。组织应对多种工作形式进行优化，最大可能地让员工参与其中。但多数组织的工作形式只包括岗位上的全职员工。有的组织就算工作形式中包括合同工，合同工的管理也通常是独立的，例如由人力资源部门之外的其他部门负责。组织往往不鼓励甚至禁止人力资源和其他部门共享各自的体系，更不用说优化全职员工和合同工的综合使用。

员工能力的解构与重塑

组织和社会该如何对个体、员工群体和潜在员工的能力负责呢？按照传统的做法，组织将员工的能力与他们的岗位挂钩，多数人力资源系统都重点关注个体是否符合岗位的基本任职资格要求，或者是否有资格在组织内调动到新岗位。组织设计培训项目的目的就是帮助员工做好接受某个岗位的准备。传统的工作体系也会跟踪个体从事过的岗位工作。传统的简历会列举应聘者此前从事的工作、拥有的头衔和承担的职责。按照传统的做法，教育机构负责个体的学习，在他们完成特定专业一系列课程的学习任务后，授予他们学位。传统工作机制将两者综合，为稳定不变的岗位设置一系列任职资格要求，然后寻找完成了特定课程的学习任务且拥有对应学位的应聘者，而将那些“不完全符合任职资格要求”的应聘者拒之门外。

从员工的能力与岗位挂钩的角度看待工作和员工，组织只能获得不太理想的效果。首先，如果某个员工的任职资格取决于他的学历学位，或此前从事的岗位工作和拥有的头衔，那么他的那些与学历学位或岗位无关的能力则会被忽视。零售机构正纷纷在涉及顾客体验的部分领域，如门店收银领域，推广自动化技术。如果组织认为收银员的岗位职责只是收银，就会倾向于解雇所有收银员，再招聘新员工来设计、编程和维护自动化的收银系统。传统工作机制未能体现收银员在岗位任职资格要求之外的任何能力。

但收银员可能都完成了线上或社区大学课程的学习，拥有进行计算机编程和系统分析的能力。他们通常都拥有与收银相关领域的一些能力，因而也能在一定程度上胜任新的工作。传统工作机制立足于岗位和岗位负责人，看不到“收银员们”在工作相关领域内的其他能力，因此会导致组织忽视收银员成为系统分析师或程序员的能力。这种情况通常要求组织全面了解一个人，即推行一定的系统来全面绘制员工的能力。员工从事任何岗位的工作都只须用到其中部分能力，而当工作发生变化时，其中某种能力就可能派上用场。

其次，传统工作机制立足于岗位，将员工视为岗位负责人，这种观点通常会导致组织无法了解员工是否完全胜任某岗位的工作。如果员工此前未从事过同当前新岗位类似的岗位的工作，那么组织可能会轻易地将他们归类到“不能胜任”。但要优化工作，组织必须采取更细致的方法。尤其是在劳动力短缺或急剧变化的时期，组织要思考的问题不是“某位员工是否完全胜任这个岗位的工作”，而应该是“哪些员工最可能胜任这个岗位的工作”和“哪些能力可以让他们完全胜任这个岗位的工作”。**要找到最能胜任岗位工作的员工，组织必须建立合适的工作机制，以发现员工身上一系列的能力，而不是将员工视为某个学位持有者或岗位负责人。**怎样才能让员工的能力从基本胜任岗位工作提升到完全胜任呢？要回答这个问题，组织也同样需要建立合适的体系，从而发现员工的一系列能力，明确员工需要培养哪些特定的新能力才能完全胜任工作。

当然，真正的体系会更加细致。多数组织不仅会跟踪员工们从事过的岗位工作，也会更加细致地记录他们的工作能力，即所谓的技能或能力。教育机构正在号召解构他们的教育产品，让学生能在职场空白期进入教育机构学习，并且可以给个人提供“叠加式证书”，即学生们无须一段时间内持续在校学习，而可以在积累多份“叠加式证书”后换取学位。我们看到，有组织已经开始建立自己的系统，将岗位解构为工作任务，并采用同样的方式对员工个人能力进行解构。

新工作机制的 4 大原则

新工作机制有如下 4 大原则：

1. 从工作任务而不是既有岗位着手。
2. 员工与自动化技术相结合。
3. 全面考虑各种工作形式（如雇用、零工、自由职业、联盟、项目以及其他替代性工作形式。）
4. 人才根据工作流动，不受限于传统的固定岗位。

以上各原则充分体现了新工作机制与传统工作机制之间的鲜明对比，接下来，我们将一一阐述。

从工作任务而不是既有岗位着手

传统工作机制从组织内的岗位和员工着手，这种做法给组织带来了几大挑战。让我们先来看看实施新流程自动化带来的挑战。在进行工作设计时，传统工作机制要考虑“实施自动化后哪些岗位可以取消”“哪些培训可以帮助既有员工继续留任”“我要以什么薪资水平才能招募到所需的经验丰富的员工”等问题。

这些问题对工作缺乏远见，忽视了一些重要的机会和挑战。新工作机制则从不同的问题着手，例如：

- 当前和未来的工作任务有哪些？
- 执行这些任务需要哪些能力？
- 当前和潜在的员工中，哪些人拥有或可以培养这些能力？
- 要充分发挥这些能力，最佳的工作形式（包括除全职员工之外的工作形式）是什么？

员工与自动化技术相结合

传统工作机制认为自动化技术会替代员工。但自动化技术和员工之间真正的关系要比替代微妙得多，新工作机制正好体现了这种关系。自动化技术可以替代、辅助或改变人类的工作，具体发挥什么作用则取决于工作任务的特征和目标。新工作机制可以提供更高质量的问题供组织思考，例如：

- 流程包括哪些任务元素？
- 每项任务的特征是什么（重复的还是多变的，脑力的还是体力的，独立进行的还是交互式的）？
- 每项任务的目标是什么？
- 自动化技术是替代还是辅助员工，又或是创造新工作？
- 可用的自动化技术有哪些（机器人流程自动化、认知自动化，还是社交型或协作型机器人）？
- 如果要跨岗位和流程来结合员工和自动化技术开展工作，那么最佳方式是什么？

请注意，以上问题中的第一个就直接限定了分析的立足点是解构后的任务，而非整个岗位。有了这个基本的框架后，其余的分析就能达到更加理想的质量。

我们注意到众多领域近来在大幅推进工作自动化。比如，医护工作者可以通过医院里的机器人远程监测患者，测量患者的体温；后勤人员可以远程控制建筑内的机器人洒扫地面。我们也发现，企业对“黑灯”仓库和生产操作的兴趣日渐增长，也正在这方面逐步开展实验，以降低员工可能遭遇的风险和危险，减少因员工生病而导致停工的风险。但这类创新技术很少能取代员工的所有工作。相反，员工的角色开始向主要负责解决问题和维护几乎完全自动化的设施这个方向发展。我们将在本书后文中继续探讨这个话题。在所有这类案例中，组织之所以能取得理想结果，是因为它们会对流程深思熟虑之后再应用自动化技术，而非仅着眼于用机器替代岗位上的员工。

让我们以医院内的机器人为例来说明上述问题的思考价值。

1. 流程包括哪些任务元素？
   我们与其思考“机器人是否会替代护士”，不如对护士工作进行解构。你会发现护士有时要花费部分时间对患者进行例行检查，如量体温，而其他时间则花在能充分利用护士资质的任务上，如处理患者的紧急情况和给药等。

2. 每项任务的特征是什么（重复的还是多变的，脑力的还是体力的，独立进行的还是交互式的）？
   护士检查患者状况看的是患者能否对自己的提问做出回应，然后帮患者量体温。这项任务是重复的体力劳动，交互程度不高，因此适合应用自动化技术。而处理患者的紧急情况和给药等任务的变化性更大，更需要脑力劳动，交互程度更高，与护士资质的要求更匹配，所以比较适合由护士来完成。

3. 每项任务的目标是什么？
量体温等任务只需要遵照最低标准执行，并避免出现明显的错误。而处理患者的紧急情况和给药等任务则必须遵循较高的标准执行，护士的执行质量会在很大程度上影响任务结果。当然，护士为患者量体温时，能与患者有社交互动，积极的互动也许有助于患者的康复。这也充分说明岗位解构能够阐明工作是如何服务于目标的。将“人际互动”与“量体温”这两项任务分开，从中我们可以看出，即使护士只是负责常规为患者给药，与患者之间的人际互动仍然会发生。

4. 自动化技术是替代还是辅助员工，又或是创造新工作？
我们将解构后的任务单独拿出来，就会发现机器人实际上可以替代护士量体温和检查患者的基本情况。从某些方面来说，这种自动化技术能起到辅助员工的作用，因为它能解放护士，让他们可以将工作精力集中在能充分发挥自身专业能力的任务上。

5. 可用的自动化技术有哪些（机器人流程自动化、认知自动化，还是社交型或协作型机器人）？
量体温和检查患者状况的任务可以让机器人自动完成，患者的监护仪可以直接将数据输入数据库。这个解决方案可使用认知自动化或人工智能技术，对患者的监护仪进行编程，当患者出现无反应的状况或体温连续较高时，监护仪会向护士发出警报。最后，这个解决方案也可使用社交型机器人，它们可在患者之间来回走动，并与护士进行互动。

6. 如果要跨岗位和流程来结合员工和自动化技术开展工作，那么最佳方式是什么？
   在对护士岗位进行解构后，我们可以看出，将护士和机器人助手进行有机结合能优化整个工作流程。这种做法也改变了护士岗位的职责描述。这意味着护士可能要与机器人的设计师、技术人员和维护人员进行密切合作。

全面考虑各种工作形式

如果自动化不是问题，或者说在自动化之外，工作的未来发展将体现在替代性工作形式上，那么这些工作形式将不同于或不限于岗位上的全职员工。最佳的工作解决方案极少是直接用某种替代性工作形式取代整个岗位。相反，最合适的方法显然是对岗位进行解构，再分析每种工作任务的最佳完成方式。

如何优化替代性工作形式？我们可以通过以下 3 个基本维度和一些问题来回答。

1. 任务（待完成的工作）
   - 任务可以解构到什么程度？
   - 任务可以分散到什么程度？
   - 任务执行者可以距离任务多远？
2. 组织方式（工作的边界）
   - 组织的边界是否能轻易被打破？

- 组织与其他组织的关联有多密切？
- 任务对合作的要求有多高？
- 组织的边界弹性应该达到多大，才能纳入其他人？

3. 奖励（工作可以交换到的东西）
    - 多长时间内可以获得奖励？
    - 奖励的个性化程度有多高？
    - 奖励对传统的薪资福利有多大的突破？

例如，一些组织内设有产品设计师的岗位。这个岗位有众多工作职责，其中一项是针对新产品或新功能提出创意，同时评估这些创意是否匹配既有的生产或市场战略，并向组织核心成员推销这些创意。如果将产品设计师岗位进行解构，我们就会发现，提出新的产品创意可以作为一项任务，从这个岗位的其他职责中分离出来。组织可以将这项任务交给由普通顾客组成的志愿者专题小组来完成，而无须签订任何合同。组织的边界必须能够被打破，但只需允许志愿者与产品设计团队进行交流互动。奖励可以是免费的产品，甚至可以只是参与工作而即时获得的快乐。

但请大家注意，如果所提问题是“志愿者专题小组能否扮演产品设计师的角色”，答案很简单，就是“不能”。志愿者专题小组只是一种替代性工作形式，并不能替代产品设计师岗位。同理，如果问题是“我们能否设立一个只负责就新产品和新功能提出建议的岗位”，那么答案也是“不能”，因为组织缺乏足够的这类工作来填充这个正式岗位。

在工作被解构后，每项任务都会有类型更广泛的工作人员可选，例如，本地的全职或兼职人员，外地的全职或兼职人员，从组织内其他部门借调的员工，独立合同工（直接受雇用或通过零工平台参与任务），外包商或盟友组织的人才等。

人才根据工作流动，不受限于传统的固定岗位

人才应该根据工作流动。有时候，这种做法会涉及在职员工的岗位，但那些岗位也应该被视作是可替换的。人才流动通常要求员工突破严格的岗位职责描述，在一些能发挥最大影响力的领域展现自身的能力。例如，商业分析师、数据科学家和软件开发者可以流动到一些项目，为面向顾客的应用程序开发新功能。

让人才根据工作流动的关键在于组织要综合以下各种方案，以最佳方式对工作进行持续重构。

1. 有固定岗位的全职正式员工。这类员工或许因其工作量的固定性而适合正式的岗位，又或许拥有独特的或难以掌握的技能，使得组织有充分的理由为他们提供固定的全职任务。

2. 根据任务或项目流动的人才。这可能是因为组织的部分工作流程在短期内对特定人才的能力存在巨大的需求。例如，自由职业者或基于项目的数据科学家，他们会根据需要在市场营销、人力资源和运营等项目之间流动。

3. 扮演多个角色的混合型人才。这类员工因为工作量或技能而拥有固定的岗位，但也可以根据工作需求进行流动，去处理特定的挑战性工作。他们通常来自内部人才市场，全职员工会通过平台承担额外的项目工作。

组织该如何优化固定员工、流动员工和混合型人才呢？指导性原则是思考上文中关于替代性工作形式的问题。组织也可以针对正式员工来分析这些问题，这时，让任务与雇用关系脱钩的有关问题就不适用。关于边界性的问题，其当前的重点不是打破组织的边界，而是打破组织内不同职能部门或岗位之间的界限。

解构，提升组织敏捷性的关键

组织、员工和社会如何从传统工作机制转向新工作机制呢？敏捷性原则既激励了这种转变，也揭示了如何实现转变。

敏捷性原则已在软件开发领域确立，正在取代传统的“瀑布模型”系统。按照瀑布模型，软件开发工作在一个阶段的任务完成后再“流动”到下一个阶段，很少有机会再返回前一个阶段。而按照“敏捷模型”，软件开发项目需要不同阶段之间同步协作，并不断根据用户行为和需求对软件进行测试，然后推出更新版本。

敏捷模型已被许多组织用来转变自身的思维模式和工作流程，并且应用范围不再局限于软件开发领域。敏捷模型有以下 3 个指导性的核心原则：

1. 个体和交互优先于流程和工具。
2. 客户协作优先于合同谈判。
3. 响应变化优先于遵循计划。

在组织、员工和社会向新工作机制转变的过程中，以上原则会发挥至关重要的作用，但单靠敏捷模型的重新设计还不足以克服传统岗位思维方式所带来的限制。例如，一家大型消费品公司推行了敏捷模型，在深思熟虑后重新设计了流程，甚至提升了员工的技能，但依然难以让员工根据工作任务流动和积极应对跨岗位、头衔或部门的挑战。举例来说，这家公司的客服代表接到顾客投诉，发现公司需要对产品进行改进，而改进工作必须由产品设计师或开发人员来实施。对此，敏捷流程设计揭示了一个显而易见的解决方法：客服代表可以与设计师或开发人员共同合作，突破岗位限制，共同应对这项挑战。但现实情况是，在收到顾客投诉后，客服代表认为依据岗位职责，他们并不负责向产品设计师或开发人员传达顾客投诉。同样，产品设计师或开发人员也不认为向客服代表了解情况或倾听顾客投诉是他们的职责。传统工作机制依赖于代表岗位工作内容的职责描述和体现工作者能力的岗位负责人。在传统工作机制下，员工们被困于岗位体系内，无法向争取实现产品改进的目标流动，因此，敏捷流程设计的重要价值被浪费了。

这家公司缺乏将岗位解构为明确支持目标实现的独立任务的能力，因此员工难以开展超出本职以外的工作。员工面临的难题是如何找到项目与自身岗位的关系，如何找到自己发挥作用的空间，以及如何应对认为项目与下属职能无关的直属上司。

工作解构的历史

如果能脱离立足于岗位和岗位负责人的传统工作机制，那么工作将得到更好的优化。这个理论源自数十年的研究，这些研究发现，岗位和岗位负责人的基本元素被解构后可以发挥巨大的作用。此前的研究虽然没有带来我们在本书中所探讨的新工作机制，但为新工作机制提供了重要的背景。对此前的研究，我们要有两点认识：首先，认可它们所做的贡献；其次，从中得到启发，这些有益且重要的研究工作之所以没有带来我们所介绍的新工作机制，原因就在于它们持续地将工作和传统的岗位与岗位负责人体系联系在一起。

泰勒主义

工作解构的思想可以追溯到工业革命的黎明时期。本书的主旨是“打破岗位限制”，这会让人脑海中浮现出两幅画面：一是无休止的工作自动化和商品化；二是工作场所中只有解构后的工作元素，员工和组织领导者在完全没有指导的情况下试图建立高效的系统性流程。这两幅画面都不完全正确，但也的确能在一定程度上解释我们的方法和价值观。

研究工作史的学生可能清楚地记得，弗雷德里克·泰勒（Frederick W. Taylor）在 20 世纪 20 年代是工作解构和重构的首批支持者之一。大家对“泰勒主义”最普遍的印象是它残酷无情地研究每项任务采用何种操作方法能实现生产率最高，然后对工作进行重构，严格要求所有工人必须遵守唯一的最佳操作方法，试图由此对工人进行剥削。从理论上来说，这种基于任务的“科学管理”可以带来更加优化的工作方法，降低工人遭受伤害的风险和疲劳工作的概率，提高工人的收入水平和收入公平度，因为所有工人都会学习最佳工作方法，并通过一系列仔细研究过的任务行为开展工作。

理查德·萨拉姆（Richard Salame）在 2018 年时指出：

> 效率工程师们会如何监视员工们呢？他们的做法怎么说都不

> 夸张。工程师们使用秒表，拍摄照片和视频，甚至在员工们的手指上绑电灯泡，以在长曝光照片中追踪他们的手部动作。工程师弗兰克·吉尔布雷斯（Frank Gilbreth）对员工的每根手指、肩膀和脚的动作都进行了分解，按照千分之一分钟的单位来拆分每个动作。员工们被安排仔细研究那些证明他们能力不足的证据，还要学习更好的工作方式。凡是不能达到新标准要求的员工就会被开除……在视频监控设备和计算机工作监控软件出现在工作场所之前的几十年，顾问和工程师组成了宣传网络，将机械监控、反复的绩效评估、数据驱动的管理和个体监控结合在一起，进行实验，并在广泛传播的小册子中推广这些做法。

萨拉姆指出，这些方法在剥夺人性和工作商品化方面存在共性，这种共性也是危险之所在。

> 亚马逊公司曾经爆出过一则丑闻。丑闻的主角是公司新的专利手环。这种手环能实时追踪和记录员工的手部动作。有人形容这种技术是“反乌托邦”式的监视。亚马逊公司则回应称记者的猜测存在“误导”。这家零售巨头称，这些设备只是为了将库存跟踪设备从员工们的手中转移到手环上。这没什么大不了的。

以项目为基础的工作机制

1994 年，《财富》杂志上发表了一篇热门文章——《岗位的终结》（*The End of the Job*），文中提到要打破岗位限制开展工作。文章作者威廉·布里奇斯（William Bridges）在这篇文章中介绍了本书的一个基本前提：将工作任务人为地打包成岗位是工业革命的产物，未来社会将会回顾那段历史，并且会发现 20 世纪 90 年代的众多摩擦和难题源自一个徒劳的尝试，即试图在组织的岗位范围之内去理解和管理工作。布里奇斯认为，“唯一摆脱了这种内在歧视的组织模式就是项目集群”。他在文中写道：

> 当前的组织架构立足点正在快速摆脱岗位，而转向需要完成的工作领域。岗位是这个领域内人为附加的东西。岗位就是一块块的责任，覆盖需要完成的工作任务。他的岗位负责这些，她的岗位负责那些，你的岗位负责其他事情。尽管总是会有零零碎碎的工作任务无法完全划归到谁的岗位职责范围内，但大家通常会一起完成工作任务。久而久之，组织必须对岗位职责进行调整，并且增加新岗位以保证一切事务都能持续得到完成。

布里奇斯在文中介绍了英特尔公司的情况：新员工被分配到某个项目组，项目会随着时间变化，个人的能力和任务也会随之变化。在第一个项目结束之前，这名员工会被分配到另一个项目组，并依此方式继续轮换。按照这些项目的要求，新员工会在多个团队领导下开展工作，日程安排各异，工作地点不同，而且任务也有差别。布里奇斯指出：“等级制度在内部被打破，不是因为有人在理论上推定必须打破等级制度，而是因为在新情况下，等级制度无法维系。”

布里奇斯在文中以英特尔公司为例，生动说明了以项目为基础的、自发的工作机制。不管是这篇文章本身，还是这个例子，都相当有说服力。但就算现在，大部分工作机制仍然将岗位和岗位负责人作为工作管理的基本单位。布里奇斯提出的新工作模式还在等待不受固定岗位限制的新工作机制的出现。

工作重塑

艾米·弗泽斯涅夫斯基（Amy Wrzeniewski）和简·达顿（Jane Dutton）在2001年创造了“工作重塑”这个概念。两人指出，就算岗位固定，员工们也可以在工作任务、关系和他们赋予工作任务的意义方面拥有一定的自主决定权。有证据显示，这种做法可以带来积极的影响。阿诺德·巴克（Arnold Bakker）和伊万杰丽娅·德莫罗蒂（Evangelia Demorouti）指出，员工们可以通过工作重塑减轻工作压力，增加工作挑战，从而提高敬业度。亚历山德拉·拉扎扎拉（Alessandra Lazazzara）、玛丽亚·蒂姆斯（Maria Tims）和戴维·德·热纳罗（Davide de Gennaro）回顾了既有的关于工作重塑的研究，发现了一个框架。在这个框架中，员工们可能会积极（积极地实现理想的目标或改善绩效），也可能会被动应对（被动地应付组织的变革和压力），员工们可以“趋近”（改善工作并积极地诠释工作压力源）或“回避”（减少或消除工作中的负面因素）。尽管这些都是工作重塑的方法，但它们必须依靠解构后的工作元素，定义岗位负责人改变的工作内容和采用的改变流程。他们指出，工作重塑可以带来积极的结果（懂得工作意义所在、提升认可度和满意度），也会带来消极的结果（后悔、工作负担过重、压力过大和健康出现问题等）。

全体共治

最近出现了一些将组织设计为员工“群”的实验和猜想，“群”里的员工在寻找通向不断变化的项目或任务的路径，可能会流向具有最大价值的任务或项目，在共同的目标和战略方向的引领下将这些任务和项目合并为每位员工的最佳工作，并在大幅减少岗位、职能、等级制度和经理人等带来的冲突的情况下，采用最合适的工作形式（自由职业、合约制和雇用制等）。

这种组织方式被称为“全体共治”（Holacracy）。美捷步（Zappos）或许是全体共治最好的例子和最广为人知的演绎。这家公司的创始人谢家华（Tony Hseih）在 2015 年和 2016 年左右大力宣传全体共治。全体共治体系的基础是布赖恩·罗伯逊（Brian Robertson）和他的公司 HolacracyOne 建立的工作体系。这套体系用超级圈（super-circle）、子圈（subcircle）和角色取代了层级制。超级圈反映的是市场营销这类比较宽泛的职能，子圈代表“数字广告”这类子流程，角色可以是“社交媒体制作者”及其“任务”。这些圈子包含了担任“主联系人”角色的人，他们负责分配工作，并确保工作完成。当某个圈子的工作完成后，圈子里的人员可以流动到其他项目中去，所以工作的完成方式是动态的。由此可见，全体共治的基础就是角色和任务，这也体现了工作解构的概念。全体共治鼓励流动性的工作形式，这个概念体现了不断进行工作重构的理念。

我们的新工作机制并不倡导、也不要求组织完全放弃岗位和层级制。有证据显示，对工作进行解构和重构的最佳水平取决于具体情况，传统的岗位和层级制或许在很多情况下也能提供合适的解决工作问题的方案。《大西洋月刊》指出，对经理人和员工而言，扁平化和层级较少的工作形式在现实中并不一定更可取。斯坦福大学的研究发现，遵循平等主义的工作架构会让人迷失方向。在建立了层级制的公司内，员工更有可能预测自己的发展道路，也能更轻松地弄明白谁负责做什么事和公司如何发放薪资，因此他们可能更喜欢这种制度。斯坦福大学的杰弗瑞·菲佛（Jeffrey Pfeffer）[①] 教授分析了工作场所的层级制为什么能吸引员工留下来，并得出了一个颇为明显的结论，即这种制度更加务实，让人心里更加踏实。

---

① 斯坦福大学组织行为学教授、管理思想家，代表作《权力》已由湛庐引进，浙江人民出版社出版。新作《权力进化论》也已由湛庐引进，中国财政经济出版社出版。——编者注

新工作机制，创新型组织设计的基础

泰勒主义、以项目为基础的工作机制、工作重塑、全体共治和众多其他管理理念本质上都需要新工作机制，这种机制允许包含岗位、层级制或深入研究员工们的行为以寻找最佳操作方法等工作安排。我们认为，不管最终是要建立一个与全体共治一样完全流动的组织架构，还是要在岗位和岗位负责人的传统组织体系之上提高员工的流动性，工作的解构和重构都是从泰勒主义到全体共治的管理和组织设计系统的核心基础。但组织领导者、员工、政策制定者和组织设计者如何完成，尤其是在组织敏捷性的框架内完成工作的解构和重构，提高流动性呢？帮助大家进行这项工作的战术性手册一直缺失。我们认为，若没有新工作机制，对这些重要问题进行争论都是徒劳的，大家还是被困在工作必须以岗位形式开展和员工必须是岗位负责人这些过时的观点里。这些条条框框阻碍了工作和组织的创新、社会政策替代方案的开发、公开辩论，以及员工群体和组织之间的关系的构建等。因此我们的目标不是要支持或复制任何具体的管理建议或管理体系，而是要提供一本工作解构和重构的战术性手册，加强工作重塑的实际应用，立足于更实用的基本工作机制来推动这些讨论。

本书介绍了工作解构和重构会如何建立新工作机制。在对新工作机制和其支持的工作重构流程有了更深刻的理解后，员工们自然而然地对工作进行解构和重构。员工和雇用他们的组织都将会是工作解构和重构的重要参与者，所以员工和组织领导者将会参与到整个过程中。

新旧工作机制的 7 大本质性差异

新工作机制与传统工作机制迥然不同。如表 0-1 所示，我们对两者之间的差异进行了对比，也将在接下来的章节里加以详细阐述。

表 0-1 新旧工作机制的 7 大本质性差异

新工作机制	传统工作机制
工作是解构后的工作元素（任务）	工作是稳定不变的岗位
工作自动化寻求员工和自动化技术在任务层面的最佳结合	工作自动化取代岗位员工
各种工作形式构成一个没有界限的民主化工作生态系统	工作形式限于组织固定界限内的全职员工
员工是拥有多样化能力的完整个体	员工是能满足岗位要求的岗位负责人
对任务或项目的组合方式与工作形式进行持续改造，突破传统雇用方式	由岗位和雇用合同组成稳定的体系
通过团队和项目的协作中心、共同的目标或使命，以及员工或人工智能平台和人力资源系统的整合来进行管理和工作协调	通过层级制、组织架构和稳定的汇报关系来进行管理和工作协调
社会价值观和政策让流动的工作形式和全面的员工能力变为现实，并由此实现员工的稳定性、社会的公平性和包容性，让员工能发表自己的观点	社会价值观和政策依靠传统的岗位和雇用关系来实现员工的稳定性、社会的公平性和包容性，让员工能发表自己的观点

WORK
WITHOUT
JOBS

第 1 章

解构传统固定岗位与人工智能时代的岗位

WORK

WITHOUT JOBS

要确保未来工作战略保持正确的方向，

工作解构是重中之重。

曾被视为企业重要竞争优势的传统工作机制，如今正日渐成为企业追求敏捷性的绊脚石，在企业追求未来的工作方式时尤为如此。传统工作机制的显著或强烈的标志性特征是工作被局限在完整且稳定的岗位上。这个概念在第二次工业革命开启时决定了企业内工作的组织和完成方式、员工的薪资和奖励制度、教育的设计方式，也影响了当时社会经济政策的制定。

如何着手在新工作机制的基础上建立一家更敏捷、更灵活、更具包容性和抗冲击能力的企业呢？新工作机制能够持续地对工作进行解构，再按最佳配置（员工、人工智能、零工、机器人、联盟伙伴、外包商等）对解构后的具体工作任务和项目进行安排，并在无缝整合各种工作形式的同时，打造与过去截然不同的全新岗位。同多数重大变革一样，启动工作机制变革的最好方法是先找一个时机来验证新工作机制的概念，然后借此激励和引导更多人接受这一概念。这个时机应该能让大家看到新工作机制可以带来哪些成功的机会，而实现成功又必须具备哪些条件。

我们不需要一开始就在所有工作领域全面铺开新工作机制。我们的经验表明，可以在开始时先抓住以下宝贵的机会或触发点：

1. 企业运营中遇到的挑战。我们可以反思当前的工作流程或过程，如制造、信息系统、客户服务和供应链等。以供应链为例，当出现意料之外的新情况时（如政治冲突、战争爆发，或疾病暴发），某个传统的供应链环节可能会受到影响。新冠疫情迫使企业快速将此前转至海外的工作又迁至较近的地点，或者调整制造重心（如从生产汽车调整为生产呼吸机）。面对这些突如其来的挑战，企业的抗冲击能力取决于其解构和重新分配工作的能力。

2. 企业存在的局限性。人才储备、供应链、信息流或财务系统等领域会存在一些瓶颈，比如，成本增加、某工作流程中出现缺货的情况，或者找不到充足的人才资源，等等。在新冠疫情发生前，众多企业在有限的数字化人才库中寻找人才（如数据科学家、应用开发者、人工智能程序员等）。在对工作进行解构后，这些岗位的部分任务可以通过采用替代性工作形式或自动化技术来完成。

3. 新技术的引进。人工智能和机器人等技术的发展要求企业快速改变工作流程和工作任务，但传统工作机制无法帮助企业实现这种快速的变化。多数组织通常依靠新技术来赢得领先位置，而并非靠改革其工作机制。大家常常认为，在采用一定的新技术后，原岗位上的员工将被取代，企业可以通过降低人工成本来获取投资回报，工作任务也可能被调整，以适应新技术。按照这种观点，企业可能会因为对人的因素考虑不足而导致流程出现故障。如果企业能够对工作和员工进行解构，从工作任务和员工技能层面对工作进行重新设计，那么问题能轻易得到解决。

4. 企业的追求重点发生转变。越来越多的企业正将追求重点转移到股东价值之外的目标上，如使命、社会贡献、包容性、社区贡献、平等和环保等。这种转变，或者说重点目标的增加，通常要求企业重新思考工作能做出的贡献或扮演的角色。对工作进行解构后，我们将发现一些在传统工作机制中不太明显的机会。比如，传统工作机制虽然以固定的工作岗位为基础，但一些工作目标可以通过灵活的项目制或内部零工的形式来实现。

利用找到某个触发点的时机来验证新工作机制的概念，此后就可以真正开始对岗位和岗位负责人进行解构。我们必须了解各任务的特征，再在此基础上确认如何将各任务组合成新岗位，以及哪些替代性工作形式和自动化方案是最佳选择。

解构工作岗位时应该思考的两大问题

在对岗位进行解构时，首先要找出相关的工作元素（如任务、活动或项目等），并且明确相关的新元素。“相关的”意味着对满足工作元素需求、取得一定的结果或者实现组织战略目标等是必需的或存在关键影响的，例如：

- 当前的活动或任务中，哪些依然存在相关性？
- 当前的活动或任务中，哪些不再相关？
- 必须包括哪些相关的新活动或任务？
- 相关任务应该按照什么顺序或时间进行安排？

- 哪些任务应该得到执行，如何执行，在哪里执行，由谁来执行？

找出相关的工作元素后，下一步就是要理解绩效的改善如何真正地创造价值，这就是“绩效改善回报”（Return on Improved Performance，ROIP）。绩效改善回报有多种形式，我们以填报纳税申报表为例，用以下4种典型的绩效改善回报形式来加以说明。

错误的减少。当绩效只是在非常差和勉强可接受这两个层次之间变动时，绩效的改善常常可以带来错误的减少。以填报纳税申报表为例，当绩效非常差时，表格可能会出现众多错误，或者无法按时被提交。而当绩效提高到勉强可接受的水平时，就能带来些许积极的效果。就填报纳税申报表而言，绩效改善回报就是错误的减少和纳税申报表按时得到正确的填写。

质量波动的减少。当绩效差异不影响价值创造时，也就是说当有多种方式实现同一个目标时，绩效改善所能实现的回报就是“质量波动的减少”。质量波动的减少意义并不是改善产出，而是以更统一的方式来获得产出，通常由此能降低成本或避免混乱。以填报纳税申报表为例，绩效的改善可以是提前填写完纳税申报表。但与按时填写完纳税申报表相比，提前填写完表格并不会创造任何额外的价值。又比如，员工们可以按照不同的顺序来组装零部件，但总装基本上保持一致。

价值逐步提高。这类绩效改善回报是指绩效改善能够让价值持续地逐步提高。在填写纳税申报表时，绩效改善回报的差异可能体现在顾客纳税申报表附带的摘要函的内容清晰度和语法正确度上。对摘要函的最低要求就是内容的清晰度要达到最低可接受的水平。如果摘要函能更加明了，重点突出，那么对于顾客和公司来说，摘要函的价值就有所提升。另一个例子就是客服代表向顾客推荐新功能或提高发货速度，也许能借此逐渐向顾客销售更多产品。

价值大幅提高。这一般指绩效的改善能成倍地提高价值。价值大幅提高，通常是由于企业绩效罕见地出现创造性的改进，让顾客颇感惊喜，或者是因为颠覆性地改进了某流程。在填报纳税申报表时，这类绩效改善可能源于发现某种鲜为人知的减税方法，或者是因为找到某种复杂的方法来重新申报收入，从而大幅减少应缴所得税；也可能是因为零售店导购或客服代表发现某些鲜为人知的顾客信息，从中知晓顾客对某些高利润的产品或服务存在独特的需求。

我们可以针对每种工作元素的绩效改善回报思考以下问题：

- 绩效的改善能减少错误吗？
- 绩效的改善能减少质量的波动吗？
- 绩效的改善能逐步提高价值吗？
- 绩效的改善能大幅提高价值吗？

了解每项任务是对工作进行解构的基础。

零售配送中心的岗位解构

我们将以曾经合作过的一家大型零售商的配送中心为例进行分析，解释说明新工作机制的 4 大原则和其他要素。简而言之，这家零售商引入了新技术，将发往零售门店的产品分拣流程自动化，再将分拣后的产品打包进小手提袋里。这些预包装的产品能够大幅缩短门店员工补货的时间。

但在使用自动化技术后，这家零售商的配送中心的岗位数量竟然离奇地增加了。这是因为新增自动化工序后，机器带来了一些不可预见的复杂情况，且机器本身也导致工作任务增加，为此配送中心需要设置新的岗位来加以应对。例如，由于新设备的技术更加复杂，因此零售商需要设立一个新的岗位来维护新设备，还需要增加一个“故障处理员”的岗位，以处理机器上卡住的物品或手提袋过满而无法密封的情况。然而，新技术的引入并没有给零售商带来理想的结果，人工成本超过了预期，机器的性能也不及预期。导致这种结果的原因，我们将在第 2 章中看到。原因是零售商只是在既有的传统工作机制下应用了新的自动化技术，而按照传统工作机制，员工都被安排在全职的正式岗位上开展工作，各岗位之间存在固定的界限。

为了解决自动化带来的问题，这家零售商根据我们的新工作机制实施了新的工作方案。我们的设计团队首先对零售商既有的岗位进行解构，了解与自动化工序相关的所有工作任务，接着分析了在推行自动化技术前由员工开展的工作任务，然后分析自动化技术可以替代或辅助员工完成哪些任务，以及会带来哪些新工作任务。这些针对工作任务的分析可以解放组织领导者的思想，让他们突破岗位和岗位负责人的局限进行思考。例如，如果采用新工作机制，那么零售商无须增设故障处理员岗位，可以将处理机器堵塞物的任务交给既有打包岗位的人员执行。

我们的分析也发现，调整不是简单地确定此前的岗位是保留还是取消，部分岗位也可以进行合并或重新组合。例如，零售商认为拣货岗位的部分工作（如搬运空的和已经装满的手提袋）可以交给打包岗位来完成，因为当前的打包岗位也要求员工具备类似的技能。

我们会在下文详细介绍这家零售商在采用新工作机制后如何进行岗位解构的，我们将重点介绍整个工序中的包装子工序，并介绍每项工作任务的绩效改善回报。

1. 组装手提袋：绩效改善回报是组装速度和准确度的提高。
2. 将组装好的手提袋运至打包区：绩效改善回报是操作差异性减少，操作质量的波动也随之减少。
3. 从散装货柜中卸下贴好标签的产品：绩效改善回报也是操作差异性减少，操作质量的波动也随之减少。
4. 扫描产品标签：绩效改善回报是失误率减少，确保没有产品标签被漏扫的情况。
5. 将产品装入正确的手提袋：绩效改善回报是操作差异性减少，操作质量的波动也随之减少。
6. 调整或重新打包手提袋内的产品：绩效改善回报是产品的完好性得到保证，且手提袋内的空间利用率得到适当优化。
7. 扫描打包好的手提袋并运至发货区：这项任务是检查手提袋是否装满，并将手提袋袋口密封，然后运至正确的发货区。绩效改善回报是密封手提袋的牢固性以及位置放置的准确性增强。

让我们详细地看看打包工序的每项任务。

打包工序的第一项任务是组装手提袋，手提袋将用于包装从配送中心运至零售店的产品。这项任务的绩效提高能逐步提高组装的速度和准确度。打包工序的第二项任务是将组装好的手提袋运至打包区，接着将贴好标签的产品从散装货柜中卸下，扫描产品上的标签，然后确定应该将产品放至哪个手提袋内。就这些任务而言，绩效提高带来的积极影响就是减少操作质量的波动。在完成这些任务之后，产品将被装入正确的手提袋。同上一项任务一样，这项任务的绩效提高也能减少操作质量的波动。下一项任务就是调整或重新打包手提袋内的产品，确保有足够的空间放入其他产品，同时也要保证此前放入的产品不会有任何损坏。这项任务的绩效提高后，包装速度和包装方式的效率都能逐步提高。最后一项任务是将打包好的手提袋放到一边，扫描，然后运至发货区。最后一项任务的绩效提高后，扫描与运货的速度和准确度也会提升。

将各岗位的工作解构成各项任务，这一步是必不可少的。大家在进行这项解构工作时最初可能会觉得不熟练且相当耗时，但好在出现了越来越多有助于加快并简化这项分析工作的工具。这些工具通常都借用了既有的工作元素数据库，如 O*Net 和 ESCO。这些工具采用人工智能和用户输入两种方式，将实际岗位被解构后的任务与数据库中的任务进行匹配，并且根据数据库中的多个维度（如自动化潜能和技能水平等）对任务加以分析。

我们接下来会探讨美国基因泰克公司的案例，从实例中了解工作解构。

基因泰克公司的岗位解构

基因泰克公司是一家知名的生物科技公司，隶属于瑞士罗氏集团（Roche Group）。同众多公司一样，基因泰克公司长期以来致力于提高自身工作制度的弹性，以提升员工的敬业度和留任率，保证公司对新员工的吸引力，但各种尝试常常受到传统工作机制种种特征的阻碍。我们在引言中也曾探讨过传统工作机制的特征，尤其是主要通过按职能设置的各岗位来开展工作。此前，基因泰克公司尝试引入弹性工作方式，但又担心部分岗位无法在其他地点、时间或以其他方式来开展工作。新冠疫情促使它更加希望能重新设计弹性工作制，更新自身理念，以克服传统岗位设置方式的弊端，让员工可以公平地选择各种弹性工作方案。

基因泰克公司在首席人力资源和文化官辛西娅·伯克斯（Cynthia Burks）与全球产品组合和产品开发战略负责人罗娜·奥利里（Rhona O'Leary）的领导下，开启了敏捷转型之路，以制定覆盖公司所有人才和各类工作的未来工作战略。这家公司组建了一支敏捷突击队，突击队成员来自公司各个部门，每两周碰一次头，以记录工作现状、分析工作、提出并测试建议和制订变革计划。敏捷突击队一开始就制定了一套指导原则，用于指导团队开展工作和制定战略。指导原则覆盖了各个方面，其中包括对经营绩效、员工敬业度、公司文化和可持续性目标等的影响。此后，突击队在制定未来工作战略过程中的每个阶段都会邀请员工和组织领导者参与其中，从一开始就在关键机会领域寻求大家的建议和意见，也会请大家参加未来工作战略整体架构的测试，就最佳实施方式和推进变革的方法集思广益。这些员工和组织领导者是距离工作任务最近的人员，他们的建议和意见能确保有关战略制定问题的解决方案取得成功，也能保证所有利益相关者都参与到敏捷转型的过程中来。

要确保未来工作战略保持正确的方向，工作解构是重中之重。通过工作解构，突击队可以打破岗位限制，了解员工的工作类型。于是，他们决定挑选部分具有代表性的岗位进行解构，针对每个岗位的工作任务分析最佳的工作开展地点、时间和方式，力争为更多员工提供更灵活的工作开展方案。突击队进行岗位解构时，从 3 个角度对任务进行了归类，如图 1-1 所示。突击队从“时间”角度分析工作的时效性，从“地点”角度分析工作的开展是否有地点限制，再从“方式”角度分析工作完成过程中所要求的人员交互程度。

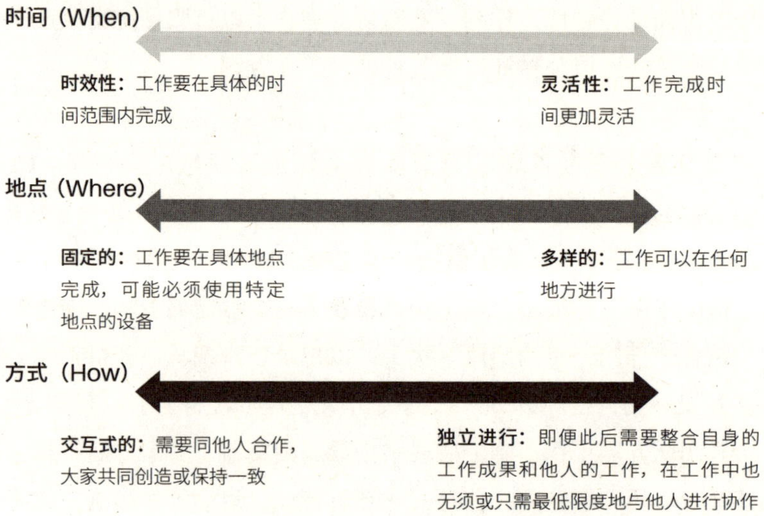

图 1-1　基因泰克公司工作或行动层面的分析角度

突击队先将岗位解构为组成岗位职责的工作，然后从图 1-1 所示的 3 个角度对工作进行分析。此后，突击队根据各任务所处的象限创造了一系列角色模型，其中部分如图 1-2 所示，每个模型都对应众多角色。例如，A 的工作具有一定的时效性，对工作地点有要求，而且是独立进行的。哪些角色与这个模型最相符呢？这一点取决于构成具体岗位职责的工作，如制造技师、实验助手、设备工程师、计算机基础设施专家和安保人员等。

多数员工应该能够根据自身的工作时间、地点和方式特征找到对应的角色模型。但我们也应该知道，即便是扮演同样角色的员工，他们的岗位职责也可能存在巨大的差异，不同的个体在寻找对应的模型时也可能会得出不同的结论。

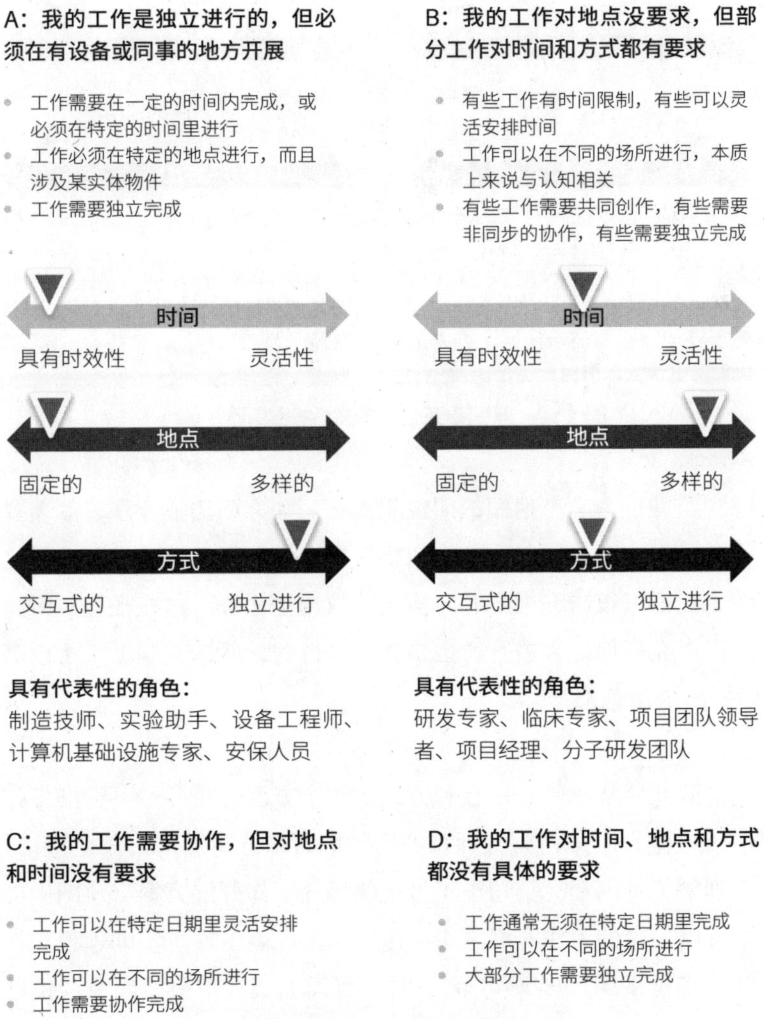

图 1-2　基因泰克公司的角色模型示例

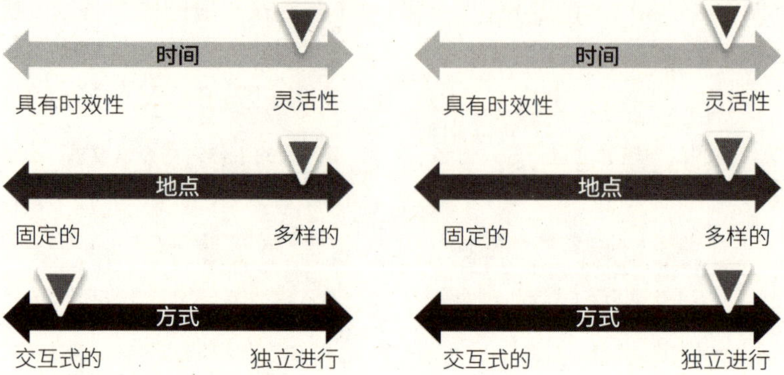

具有代表性的角色：
薪资经理、客户契合团队、人力资源业务合伙人、财务业务合伙人

具有代表性的角色：
生物信息工程师、实验助手、专利律师

图 1-2　基因泰克公司的角色模型示例（续）

以实验助手为例，他们的岗位职责在某些方面比较直观，如需要使用专业设备进行实验，因此看起来似乎在灵活性方面的选择有限，但这个岗位职责也包括审核研究报告和分析实验数据等任务。这些任务对时间没有限制，可以在任何地方进行，也是独立进行的，所以实验助手可以套用图 1-2 中的两个角色模型。

突击队此后从时间、地点和方式这 3 个方面分析各种可行的工作开展方案，再根据每个角色模型独特的岗位职责来分析可行的角色模型方案。图 1-3 列举了基因泰克公司员工可选的部分工作开展方案。从图中可以看出，A 可以采用的工作开展方案：传统的园区内工作、定期远程工作、工作时间为传统的每周 5 天共 40 小时、每天上班或下班时间灵活机动、正式的全职工作及工作分担（通常由多人分担某一个岗位的职责）。这种工作开展方案完全有别于传统做法。按照传统做法，与 A 匹配的角色通常因为需要“一直亲自在现场”开展工作而失去了弹性工作的机会。

角色模型	地点			时间			方式		
	园区内工作	定期远程工作	全职远程工作	传统的每周 5 天共 40 小时	每天上班或下班时间灵活机动	将一周标准的 40 小时工作量压缩到少于 5 天内完成	全职	兼职	工作分担
A:	√	√		√	√		√		√
B:	√	√	√	√	√	√	√	√	√
C:	√	√	√	√	√	√	√	√	√
D:	√	√		√	√		√	√	√

图 1-3　基因泰克公司各角色模型的工作开展方案

基因泰克公司要想制定更具包容性、公平性和灵活性的工作战略，就必须进行岗位解构。通过岗位解构，公司可以打破各种角色应采用何种弹性工作制的通用规则和信条。基因泰克公司的团队在深思熟虑后采用了合适的方法，这种方法正在帮助公司确保现有人才的敬业度和对新人才的吸引力，同时保证公司创新战略所必需的协作和“机缘巧合”。

麦肯锡全球研究院最新的研究显示，2021 年新冠疫情带来的影响将导致组织需要创造更具个性化和流动性的工作体验。在研究中，麦肯锡全球研究院分析了 800 种职业的人际互动和工作地点（基因泰克公司采用了 3 个角度中的两个），发现新冠疫情推动了众多工作发展趋势，如远程工作、电子商务、虚拟交易、自动化或人工智能等，这些趋势将会加速发展，或者维持比新冠疫情前高出许多的发展速度。

用概念验证确保新工作机制的可行性

组织要采用新工作机制，第一步就是要验证这一概念，这也是至关重要的一步。我们曾在引言中强调，新工作机制与传统工作机制截然不同，所以组织在启动新工作机制的建设时，有必要先通过有限的、具有针对性的应用来验证新工作机制的价值。概念验证可以提高新工作机制成功实施的概率，原因如下：

- 概念验证能为组织创造空间和争取时间，便于组织在全面推广新工作机制前总结经验和汲取教训，并对新工作机制进行迭代。
- 概念验证有助于组织发现采纳新工作机制时会遇到哪些推动因素和障碍（例如，技术基础设施是否支持新工作机制，是否已经有合适的学习体系来提升人才的技能，等等）。

- 概念验证能向组织其他职能部门的领导者和利益相关者展现新工作机制的价值。

组织必须遵循敏捷模型实验的精神来处理新工作机制的实施工作，懂得在第一轮迭代中无法做到完美。组织在概念验证过程中要接受敏捷模型实验的要素，即在实验过程中快速失败，再根据经验教训对新工作机制进行快速迭代。

组织需要付出一定的努力对岗位或岗位负责人进行解构，然后更优地重构工作。如果组织能遵循本书所介绍的指导方针，并且认真思考本书所提出的问题，就能成功地对岗位进行解构，更系统性地且更具战略性地开展工作。组织付出努力后，可以建立新工作机制，制定更好的工作解决方案，产生更深刻和优质的见解。

我们将在接下来的几个章节里介绍岗位解构的第一步——如何奠定基础，帮助组织更好地处理新工作机制的其他组成部分，其中包括自动化、替代性工作形式、基于技能的工作，以及领导力等。我们将在第 2 章中探讨自动化，并且继续利用上文中那家零售商的案例来加以阐述。同第 1 章一样，我们也会补充其他行业的例子，进一步说明突破岗位限制开展工作时众多的可选方案。

建立人工智能时代的新工作机制

WORK WITHOUT JOBS

- 要确保未来工作战略保持正确的方向，工作解构是重中之重。

- 新工作机制能够持续将工作解构为具体任务，并对它们进行分配。
- 我们无须一开始就全面推行新工作机制，而是可以先抓住一些关键机会或触发点。
- 在推进工作机制变革时，最佳的切入点是先找到一个机会验证新工作机制的可行性。
- 在对岗位进行解构时，首先要找出能够产生关键影响的工作元素。

WORK
WITHOUT
JOBS

第 2 章

新工作机制下的自动化：
技术不是替代者，而是辅助者

WORK
WITHOUT JOBS

不要迫使工作迎合技术，
而应让技术真正服务于工作。

从工作自动化的角度来看，传统工作机制和新工作机制存在天壤之别。前文中介绍的自动柜员机的故事就充分体现了这种情况。人们过于频繁地从“新技术将取代多少岗位负责人和节约多少人工成本”的角度来思考工作自动化。

工作自动化应该取代员工吗？科技初露曙光时，这种讨论就出现了。反对自动化纺织机器的卢德派就是个著名的例子。卢德派是 19 世纪英国纺织工人宣誓组成的秘密组织，是一个通过破坏纺织机器来表示抗议的激进派别。人们认为该组织的名字取自纺织工人内德·卢德（Ned Ludd）。卢德派成员抗议制造商用“撒谎骗人的方式”，利用机器来逃避标准的劳动行为，他们担心自己将被机器取代，担心此前学习职业技能的工夫将会白费。

新冠疫情期间，自动化技术似乎在逐步取代员工的工作。例如，英国利物浦大学的科学家们当中有一位职业道德水平相当高的新实验助手。这位助手是机器人化学家，可以自主进行实验。这台智能机器人高 1.75 米，可以在实验室里四处移动，绕开人类同事和障碍物，也能独立完成各项任务，甚至可以根据此前的实验结果自主决定接下来做什么实验。此外，还有圆柱形机器人借助轮子进入治疗室，协助医护人员为正使用呼吸机的患者远程测量体温、血压和血氧饱和度；形似两根竖着的大型荧光灯垂直旋转的机器人在医院里穿梭，利用紫外线进行消毒；像手推车的机器人在16层的酒店里为被隔离的住客送餐。室外，四旋翼无人机负责运送检测样本到实验室，并观察居家隔离者是否违反防疫规定。

这些自动化技术的创新取代了部分员工的工作吗？当然。在短期内，这些自动化解决方案可能降低人工成本和任务失败的风险，并给患者和顾客带来新奇的体验。但从长期来看，这些解决方案是可持续且合理的吗？

我们仔细分析案例就会发现，那些机器人最初看似会取代科研人员、护士、清洁工和执法人员，实际上却在新的任务配置中实现了自动化技术和员工的结合。如果只关注如何用自动化技术取代员工，我们就会忽略最重要的一点。**自动化技术极少能完全取代员工，面对二者的矛盾，最佳的解决方案是将二者相结合。**但要理解、懂得并优化这种结合，我们就必须让工作同岗位与岗位负责人脱钩。新工作机制立足于解构，可以帮助我们看到更好的结合方式。

在第1章中，我们了解了如何将岗位解构成元素。在这个解构过程中，我们可以借助一系列问题。当我们可以把自动化技术作为可选的工作开展方式时，就需要考虑任务的特征：

1. 任务是重复的，还是多变的？

2. 任务是独立进行的，还是交互式的？

3. 任务是体力的，还是脑力的？

这些问题的答案决定了每项任务是否可以采用自动化技术。问题的答案会存在种种细微的差别。每个问题的答案不是简单的是或否，而是对应问题所含维度的某个点，且这些问题具有连续性。一般来说，对重复性强、能够独立完成且由体力劳动完成的任务采用自动化技术的可能性更大。

本章将介绍新工作机制如何在对员工和自动化技术的高质量结合中发挥至关重要的作用，也将解释如何通过新工作机制来进行这类结合。解构后的任务或项目具有一定的特征，这些特征和第 1 章中所介绍的目标或绩效改善回报共同决定了自动化技术在哪些领域能取得最佳效果。

我们在第 1 章中介绍过，每项任务的目标都体现了如何通过绩效改善来创造一定的价值。这些绩效改善回报大致分为 4 类：

- 错误的减少。
- 质量波动的减少。
- 价值逐步提高。
- 价值大幅提高。

在确定了采用自动化技术的可能性和绩效改善回报后，我们就可以针对任务选择最合适的自动化技术。自动化技术大致分为以下 3 类：

- 机器人流程自动化（RPA）。
- 认知自动化或人工智能。
- 社交机器人。

最后，我们可以分析每项任务采用自动化技术后的效果，并与员工执行这项任务的情况进行对比。自动化技术的采用可能带来以下 3 种效果：

- 取代员工。
- 辅助员工。
- 重塑员工的价值。

自动化技术的 3 大类型

机器人流程自动化，是上文列举的 3 种自动化技术中最简单、最成熟的一种。机器人流程自动化适用于高产出、低复杂度的常规性任务。例如，长期以来，机器人流程自动化被用于“转椅式”任务，这些任务过去要有一个人从某数据源“转”到另一个数据源，连接或传递不同系统的数据。比较常见的应用包括软件系统之间的数据传递，利用简单的规则在电子邮件或电子表格中提取信息，再将信息输入企业资源规划（ERP）或客户关系管理（CRM）等业务系统内。机器人流程自动化可以快速且低成本地独立完成这些任务，也可以替代员工进行一些高度重复、独立完成的脑力劳动，使工作质量更稳定。

认知自动化或人工智能，即通过模式识别、机器学习和语言理解等工具对人类认知进行自动化的技术。这种智能识别技术综合了人工智能、机器学习和传感器，是语音和图像识别、语音转换为文字及自然语言理解等自动化任务的核心。认知自动化技术通常可以辅助员工进行多变的、独立完成的脑力劳动，其目标是逐步或大幅提高价值。

社交机器人，指利用传感器、人工智能和机器在人群中移动、与人类进行互动的自动化机器人。协作机器人（cobots）是一种社交机器人，可以感知人类的行为，然后根据人类的行为进行实时调整，与人类一起进行体力劳动。社交机器人通常可以辅助人类进行多变的、交互式的体力劳动，目标是逐步提高价值。

零售配送中心的工作自动化

再来讨论零售配送中心的情况。传统工作机制导致前文中提到的零售商认为新技术可以替代岗位负责人。于是这家零售商采用传统做法，分析自动化技术可以替代哪些岗位负责人，但在对工作进行分析时发现，自动化技术只能替代既有岗位的部分工作，并在替代的同时带来一些新的工作任务。零售商试图用自动化技术替代部分岗位负责人（他们的大多数工作任务可由自动化技术来执行），再将余下的任务和新工作任务组合成新的岗位，例如，新增了故障处理人员和专业技术员的岗位，以解决新设备出现的问题，并按规范进行维护，但该零售商发现这并非最佳做法，因而颇感受挫。

接下来，我们将介绍新工作机制如何通过解构任务来提供更好的处理方式。这家零售商使用新工作机制分析了打包工序解构后的每项任务或项目，也利用了本章前文所介绍的问题，针对每项任务的特征、价值或目标分析人、机器和人机配合中哪种是执行任务的最佳选择。

以下是零售商针对每项任务的分析结果。工作内容参见第 1 章。

1. 组装手提袋：这是一项多变、独立进行、由体力劳动完成的任务，要求拿起手提袋的零部件并进行组装，改进的目标是逐步提高效率，增加吞吐量。由于手提袋的组装工作变化难测，因此最适合由人完成。

2. 将组装好的手提袋运至打包区：这是一项重复、独立进行、由体力劳动完成的任务，涉及将组装完成后的手提袋运至打包区的某个空闲区域，可使用传送带或某种自动化技术完成，这种技术能“感知”某区域空闲，并将手提袋运送到空闲区域。

3. 从散装货柜中卸下贴好标签的产品：这是一项重复、独立进行、由体力劳动完成的任务，适合采用自动化技术，可使用机械臂来装卸产品。

4. 扫描产品标签：这是一项重复、独立进行、由体力劳动完成的任务，可使用传感器来自动辨别产品应该分配到哪个手提袋。

5. 将产品装入正确的手提袋：这是一项重复、独立进行、由体力劳动完成的任务，适合采用自动化技术，可使用机械臂将扫描后的产品放入正确的手提袋。

6. 调整或重新打包手提袋内的产品：这是一项多变、独立进行、由脑力劳动完成的任务，目标是优化手提袋内空间的同时确保产品完整，适合由人执行。执行任务的人需要分析每个手提袋内的产品摆放，然后用手小心地重新摆放袋内物品，以确保机械臂放入另一产品之前袋内的空间得到充分利用。

7. 扫描打包好的手提袋并运至发货区：这项任务充满变数，适合由人执行。执行任务的人需要先观察手提袋是否已经放满，然后将放满的手提袋拉过来扣好并扫描，接着确定手提袋应该送到哪个发货区，最后将它们放到正确的传送带上。

优先分析工作任务，而非直接考虑自动化

我们在前文中已经向大家证明，新工作机制要从分析工作任务着手。在第 1 章中，我们讨论了那家零售商如何试图从新技术着手，以提升配送中心和零售门店的绩效。还记得这个错误导致了哪些不尽如人意的结果吗？结果有人工成本增长、岗位增加等。我们和数百家组织的工作与研究表明，从技术着手的结果往往如此。**如果从工作着手，组织就可以分析确定哪些工作能被自动化技术取代，哪些工作可以让自动化技术加以辅助，哪些工作又可以得到重构，从而对自动化技术和员工进行更合适的组合。**树顶公司（Tree Top）的例子充分证实了这一点。

树顶是美国一家种植者所有的水果加工企业，为全美境内前 25 大食品公司中的 20 多家提供水果原料，并在美国各地销售品牌水果产品。树顶的工厂内采用了先进技术，这也是它能拥有较强市场竞争力的原因之一。2018 财年初，树顶开始在工厂内推行工作转型项目，旨在优化自动化技术的应用。它希望针对重复性较高且技术要求较低的工作（如水果检查和数据输入等）采用自动化技术，从而能将更多资源放在技术要求高且复杂多变的工作上。

这类工作的典型做法是让技术部门牵头，先调整工作流程并加以投资，再分析确认这些做法对工作和人员的影响。但树顶选择了由人力资源、运营和技术部门的负责人共同组成跨职能的领导团队，大家一起认真

思考工作重构，确定哪些工作应该采用自动化技术，哪些工作应该由员工与自动化技术配合完成，以及工作应该在哪里完成。

在厘清了这些问题的思路后，领导团队才邀请工程师和技术人员参与到项目中。树顶的团队自项目开始就从工作规划的角度出发，分析核心及相邻流程的活动，甚至提高了工程师可能忽略的部分相邻流程的安全性，大幅提高了生产率。在这个过程中，项目团队想出了可以将生产过程中每小时的工作量降低 5% 的点子。树顶因此调整了部分投资策略，纳入了工作优化和流程改进的理念。在审核了修改过的策略后，董事会要求增加项目创意。在增加的资金到位后，这些创意成为首批获得资金的计划。运营和执行组织领导者都希望人力资源部门能在其他跨职能的项目中提出自己的深刻见解并参与到项目中，为项目做出贡献。

如何以最佳的方式实现人机结合呢？这项工作并不是一劳永逸的。事实上，新工作机制明确包括了持续的工作重构。工作的重构需要对工作设计进行持续的监测、调整和压力测试，以克服传统做法的惯性。这种惯性通常会将工作设计拉回以岗位为基础的机制中。自动化技术尤其如此，因为它发展迅猛，通常会随着新兴技术的出现而发生巨变。从工作本身而不是技术着手，可以为优化技术的发展奠定更有效的基础，且有助于我们更好地了解各工作如何支持整个流程，并最终带来目标的实现。我们不能强行把技术塞到流程中，迫使工作去适应技术。

例如，前文所讲的零售商配送中心采用的自动化技术就是多种传送技术。自动化技术的应用改善了产品流，从而大幅提高了速度、吞吐量和效率。现在我们再来看看新兴的技术突破，即社交机器人。社交机器人充分利用了传感器和人工智能，能到处移动，并且与人进行“身体上”的互动。传统的机器人固定在某个地方，只能从事常规的重复性任务，如那家零售商采用的自动化传送系统。但社交机器人可以自动执行常规性和非常规性任务，而且不会固定在一个位置。传统的流程要求产品从一台机器流向另一台机器，或者从人流向机器。社交机器人打破了这些限制（如无人机可以遨游天空，拟人机器人能够四处行走，群体机器人能翻滚），可以与人进行各种此前难以想象的协作。机器人的传感器可以帮助它们对周边环境和人的行动进行评估，人工智能技术则会使用传感器的数据来引导机器人的行动。有了移动能力，机器人可以与人相伴行走，大幅提高人和机器的效率。但这类机器人自动化技术也要求我们对工作进行重新设计，因为自动化技术现在可以替代、辅助或重构此前人们用旧式固定传送系统完成的任务。

体力工作的自动化：社交机器人的应用

物流公司 DHL 正在推行多种工作自动化策略。每条策略背景各异，适用于不同的工作内容、空间情况和基础设施条件。在对多种技术进行实验和测试后，DHL 确保自己建立了强大的基础，可以对工作进行持续的重构，并且建立了相应的文化来确保这类重构的进行。

- **跟我来策略。**跟我来策略涉及自动化机器人小推车。这种小推车会跟着负责控制它的拣货员。小推车在要装载的快递箱完成拣货后，会在拣货员的操作下自动返回打包站，拣货员则等待下一辆小推车来到拣货区。DHL 公司认为这种方式可节省员工来回走动的时间，而且员工无须推着小推车在不同地点之间穿梭，效率可因此提高 20%。
- **带我走策略。**在带我走策略中，机器人小推车会带着拣货员在不同位置之间穿梭，并在每个位置向拣货员展示要处理的物品和数量，机器人拣货员则将相应数量的物品放入机器人小推车。在所有物品完成分拣后，机器人小推车自动回到打包站。DHL 公司已经通过这条策略将工作效率提高了 50%。

- **围着我策略。**按照围着我策略，机器人小推车和拣货员之间脱钩。机器人小推车接收到订单后移动到拣货区。附近的拣货员会在机器人小推车的屏幕上看到任务，并且找到相应物品后放入机器人小推车。在某个时刻，可能会有多个机器人小推车涌入一个区域，形成机器人小推车群。同此前两条策略一样，机器人小推车在装满货物后自动返回打包站。这条策略帮助 DHL 公司将效率提高了 200%。
- **“圣杯”策略。**“圣杯”策略涉及一种会拣货的移动机器人。它能自动前往拣货区，从货架上拿取货物并放到手提袋内，再将手提袋运送到打包站。这项技术的发展前景非常可观，但目前还处于萌芽阶段，原因在于机器人小推车成本高昂，机械臂速度较慢且拣货效率太低。

DHL 在测试和实施新技术时遵循了五步法。

- **第一步：了解自身情况。**没有哪种技术可以放诸四海皆准。要选择可加以应用的新兴技术，第一步就要了解自身的订单情况、低谷峰值比率、空间情况及基础设施条件等。
- **第二步：充分利用解决方案。**那些能够与仓库管理系统进行整合，并在整个网络中发挥作用的解决方案，通常值得更大的投资。这些方案甚至可能拥有一定的灵活性，能够在需求存在时被应用到其他设施上。

- **第三步：了解是否有退路。**如果公司必须对基础设施进行永久性更改，就需要思索如何才能成功实施解决方案。需要考虑的是，如果新的解决方案失败，公司能否恢复到现有状态。
- **第四步：评估分析各种结果。**了解解决方案对所有流程的影响，而不是只针对拣货或打包进行分析，这一点很重要。
- **第五步：寻找合适的合作方。**面对未经证实的新技术，找到一个合适的技术合作方很重要。这个合作方理解公司不会在合作初期就砸下大额订单，而且会在公司紧跟技术发展脚步时持续给予支持。与他人合作是对新技术风险加以合理控制的重要方法。

如果我们例子中的零售商使用了 DHL 公司的自动化设计，情况会怎样呢？机器人或员工会一窝蜂地涌向产品所在的位置，而不用等着产品流向机器人或员工。零售商的工作要如何重构呢？这对于客观环境和其他组织系统来说又意味着什么呢？

那家零售商认为，在下一步工作重构方案中，这种“围着我”的方式最具吸引力。但如何进行测试呢？这时候，我们针对新工作机制的 4 大原则就可以派上用场了：

1. 从工作任务而不是既有岗位着手。
2. 员工与自动化技术相结合。
3. 全面考虑各种工作形式（如雇用、零工、自由职业、联盟、项目以及其他替代性工作形式）。
4. 人才根据工作流动，不受限于传统的固定岗位。

零售商遵循以上 4 大原则，针对群体机器人制作原型。我们来看看它是如何开展这项工作的：

1. 具体的工作任务是什么？群体机器人可以改变整个工作流程，但最大的机会来自拣货环节。这一环节在整个工作流程中效率最低，引发的问题最多。

2. 如何将员工与自动化技术相结合？当前，产品拣货工作包括仓库员工拿着订单通过手工或叉车完成拣货，并将产品运至打包站。有了群体机器人，仓库管理系统将直接把订单推送给机器人，机器人再前往正确的仓储区域，然后把在该区域经人工拣货完成的产品运送至打包区域。这项工作此前完全由员工负责，现在则需要人机互动，而不用员工在配送中心频繁穿梭。

3. 是否需要考虑其他替代性工作形式？考虑到完成工作所需的专业技能（操作叉车拣货）和工作的性质（持续且稳定，无季节性波动），拣货工作最适合由全职人员负责，但可以根据自动化技术对拣货员的工作稍加调整。

4. 新技术是否允许人才根据工作流动？拣货员的工作得到重新设计，他们可以根据工作流动，但不用到处走动。在使用群体机器人后，拣货员可以将产品放到身边的其他社交机器人上。

那家零售商也考虑了以下一些问题：

5. 解决方案是否能扩展到其他配送中心？所有配送中心的空间

布局都是一样的，允许公司对既有空间进行调整，以便机器人使用和适应新的人员角色需要，从而实现在所有配送中心都采用统一的拣货方式。

6. 是否了解退路？原型试验法支持新工作机制，因此组织在广泛推行新工作机制之前对解决方案进行测试和迭代具有极大的灵活性。

7. 解决方案对配送中心的整体运营有何影响？新的解决方案如何影响工作流程的其他环节？除了提高拣货的速度和效率之外，自动化技术还能无缝整合拣货工序和打包工序。换而言之，新的自动化技术不会将拣货和打包视为相邻但不相干的两道工序，而是将它们整合成端对端的工序。因此，自动化技术的引进将会提高配送中心整体运营的吞吐量和速度。

8. 哪些合作伙伴有助于针对该自动化技术开展原型试验？零售商找到多家自动化技术供应商合作，针对自动化技术开展原型试验和迭代，确保自动化技术的引进能够创造最大绩效。

针对那家零售商的正式分析到此为止，但重构工作的机会始终存在，组织应该继续监测新的技术发展动态。例如，新冠疫情发生后，员工之间的交流互动受限，有些组织已经向没有员工的“黑灯仓库”发展。京东建设了一座新仓库，仓库每天可处理 20 万份订单，但只有 4 名员工。这 4 名员工负责维护仓库内的机器人，其余操作则完全自动化。因此该仓库大部分时间“黑灯”（无须为员工开灯），只有当维护人员工作时才会偶尔开灯。这座仓库是京东昆山运营中心的一部分，使京东可以为中国最偏远的地方提供当天达服务。包裹到达这座仓库后，立刻被放入一个复杂的自动化机器网络中，网络中包括高速的自动化传送带和能在几微秒内检查包裹内物品的扫描仪。京东的智能物流系统会按地区对包裹进行分类，再将它们整理到发往各地区的大型物流箱内。这些物流箱被无人驾驶叉车运至卡车等待处，由卡车送往各地区的终点站。

京东的工作已经发展到可以取消配送中心的所有人工岗位，再设立 4 个正式的全职岗位为机器人提供维护服务。我们案例中的零售商是否已经做好准备，接受这种巨大的改变，让仓库员工全部离职或重新安排工作？要回答这个问题，零售商不仅要考虑仓库的效率或成本，还要考虑当前的仓库员工拥有哪些能力，这些能力如何帮助他们胜任公司的其他工作。零售商也要分析潜在的裁员会带来哪些影响，如何帮助员工们找到新工作。我们将在第 7 章中探讨这些内容。

知识工作革命：对人才招聘协调员工作的解构

此前对新工作机制案例的分析研究针对的是零售商的配送中心，所涉及的主要是体力劳动。但新工作机制通常也适用于偏脑力的工作，也就是知识工作。

我们曾为一家大型专业服务公司重构其人才招聘协调员的工作。人才招聘协调员会开展各种不同的工作，管理应聘者在应聘过程中的各种事项。例如，他们会花约 10% 的时间检查申请人跟踪系统（ATS），确保应聘者的资料得到更新和上传，并通过电子邮件向应聘者索要漏交的资料。这种脑力工作可以独立完成，而且是高度重复的，完全可以被机器人流程自动化替代。机器人可以不断检查申请人跟踪系统，查找缺失的资料，在资料缺失时自动发邮件给应聘者。事实证明，机器人也能有效替代人才招聘协调员执行其他任务，如生成录用通知书和跟踪确认就职日期。

通过这次解构，我们发现，机器人流程自动化可以替代人才招聘协调员 42% 的工作，其中包括 5 位人才招聘协调员正在进行的 16 项任务。于是，这家公司重新设计了这些工作，用机器人流程自动化替代员工去完成这些任务，消除所有错误，同时大幅提高了这 16 项任务的执行速度，并为员工节省了时间。省下的时间要怎么安排呢？人才招聘协调员利用这些时间与岗位应聘者进行交流，提供更个性化的体验，做更匹配自身能力的工作。

在优化工作自动化时，新工作机制必不可少。本章分析了其中的原因，即优化工作自动化的最佳解决方案通常是员工和自动化技术相结合，而不是简单地用自动化技术取代员工。本章也指出，传统工作机制立足于岗位和岗位负责人，无法应对当今工作自动化发展所带来的挑战，更不用说抓住新兴机会（如“黑灯”配送中心）。新工作机制让我们看到更合适且更细致的解决方案，但它也要求我们放弃以岗位为基础的旧工作机制，对解构后的工作进行独立分析，然后以更高质量的方式对工作进行重构。

接下来，我们将把关注点放在人类参与工作的方式上，参与方式不止正式的全职工作。我们也将再次看到，基于岗位和岗位负责人的传统工作机制不足以揭示人类参与工作的多种方式，也无法支持组织采用多种工作方式，但新工作机制可以给我们带来高质量的解决方案。

建立人工智能时代的新工作机制

WORK WITHOUT JOBS

- 自动化技术很难完全取代员工，面对二者的矛盾，最佳解决方案是将自动化技术与员工相结合。

- 自动化技术虽然能替代既有岗位的部分内容，但同时也会带来新的工作任务。
- 一般来说，重复性强且可独立完成的体力工作更容易实现自动化。
- 新工作机制不但适用于体力劳动，也适用于知识工作。
- 我们不应迫使工作适应技术，而应让技术真正服务于工作。

WORK
WITHOUT
JOBS

第 3 章

替代性工作形式：
打破传统组织边界，构建工作新生态

WORK
WITHOUT JOBS

新工作机制最重要的特征是
高效匹配员工能力和工作任务。

新冠疫情期间，很多职场人快速调整了工作形式，这一点无可非议。最显著的例子当属知识型员工们，他们开始了远程工作。但最有趣的例子还是来源于制造业、零售业和其他需要现场工作的员工。

迪尔公司（Deere & Co.）是美国艾奥瓦州的一家农业和建筑设备制造商，已经转型生产防护面罩，计划生产量超过 22.5 万个。缅因州的 Flowfold 公司过去专注于生产户外装备，也已经转型生产防护面罩，因此必须设计新的工作流程和物料采购体系，开展新的培训，并且从一线医疗卫生工作者那里直接获得产品设计创意。北得克萨斯州的一家户外家具坐垫定制商花了不到一个月的时间转型生产防护服和面罩，防护服和面罩的日产量分别超过 1 000 套和 700 个。转型也是这家公司留住员工的一种方式，因为员工们可以在新产品生产方面继续发挥缝纫能力。

通用汽车、JR Automation（日立集团下属公司）和 Esys Automation 立即上马了口罩生产线。通用汽车和日立集团的团队设计了一条端对端的生产线，并利用新的物料采购体系，然后在短短 6 天内将通用汽车的一个无尘室改造成口罩工厂。员工们自愿从生产汽车转向生产口罩，通用汽车不到两小时就完成了 13 班人员（315 人）的组织工作。通用汽车企业捐赠部门的员工志愿者活动官肖恩·奥沙利文（Sean O'Sullivan）表示："我给通用集团整个南密歇根州团队发了封邮件，得到了所有人的回应。很多员工希望能积极地应对新冠疫情。"

有些组织通过挖掘新的员工源来建立敏捷性。袜子制造商兰佛公司（Renfro Corp.）的首席执行官斯坦·朱厄尔（Stan Jewell）带领公司转型，每周可以生产 100 万个口罩。对于这家公司来说，转型"比较难的方面"是要找到 550 名临时员工在 7 个地方组装和打包口罩。对此，朱厄尔的解决办法是吸引 16 ～ 20 岁的年轻人，他们中有些人甚至还没有进入劳动力市场。他说："我们从中总结发现，公司的敏捷性其实远超我们的想象……我们才发现自己在某些方面相当擅长，但该如何利用这些长处，并以新的方式应用呢？"

新发现的工作敏捷性也打破了公司间工作和员工流动的界限。克罗格公司从食品批发商西斯科公司借调了下岗员工，为期 30 天。艾奥瓦州立大学工业研究与服务中心牵线搭桥，帮助两家相距 322 千米的公司相互合作，每周共同生产 10 万个防护面罩。这两家公司一个是梅森市的 Dimensional 集团，一个是奥塔姆瓦市的精密模具公司 Angstrom。

随着岗位变成了流动性更强的工作任务，岗位负责人也被更具流动性的技能和能力所取代。《哈佛商业评论》发文称："工业企业此前对远程工作无动于衷，但新冠疫情迫使他们重新设计工作流程，加强科技辅助系统，打破这些替代性工作形式的传统壁垒。"在美国，工作分担被称为"政府资助"的就业保障措施。经济学家和美国两党政策制定者们都宣称工作分担是避免裁员的一种方法。这种方法利用州失业保险来补贴员工们的工资，使他们能够继续留任，但工作时长有所缩减。所有全职岗位负责人改为兼职者，共同承担缩减后的岗位的职责，从而可以灵活安排不上班的时间，以应付生病或照顾家人的情况。按照工作分担的方法，员工们得以保持与公司的雇用关系，在经济情况好转后，仍然可以继续工作，而公司也能通过这种方式降低薪资成本。底特律市推行了工作分担计划，全城 9 000 名劳动力中有 1 700 人参与其中。

这些例子的确值得大家称赞，也精彩地展示了我们在第 1 章中所介绍的重要模式。此前稳定不变的岗位逐渐被解构，“融化”成更具流动性的工作元素。这种情况的出现并不只是因为正式的工作设计，有时候仅仅只是因为员工采取新方式来重塑自己的工作，以应对机遇和挑战。员工们也同样能从中获益，只是这一点不那么明显。他们可以对工作进行重新设计以更好地发挥自己的技能，分析技术可以在哪些领域发挥作用，寻找技能再培训的机会，并且在自己和他人的工作之间找到连接点。此前被视为岗位负责人的员工，变成了更具流动性的或解构后的能力元素（技能和能力）。人才们能更加灵活地转变技能，应用岗位要求之外的技能，或者跨组织流动。

新工作机制下的替代性工作形式

新工作机制认可由正式员工完成工作，也欢迎日趋多样的替代性工作形式。组织要想吸引正式员工以外的工作者，在安排工作时就必须突破传统的岗位限制，摒弃工作者就是组织内各岗位上的全职员工的观念。替代性工作形式日渐增多，常常被人们称为“人才生态系统”。根据人力资源研究机构企业生产力研究所（Institute for Corporate Productivity，i4cp）的资料，我们列出了人才生态系统中最常见的几种工作形式，具体如下：

1. 与其他组织进行人才交流：通过与其他机构进行人才交换或

轮换，构建企业的能力、视角和关系。

2. 零工或自由职业者：组织在需要时可以借助外部的人才平台获取所需的技能。

3. 众包：组织在内部和外部挑选并组织一群人，从他们那里获取建议和意见、信息及创意。

4. 创新合作伙伴：组织与初创公司或学术机构合作，以获取新创意，实现商业化，或者启动新业务。

5. 合作社、实习生或学徒制：组织招募学生、职场新人或正谋求职场转型的人员来完成特定的任务，建立未来的人才储备。

6. 非传统型人才：组织从部分非传统人才渠道获取人才。按照传统的做法，部分人才渠道将利用不足，如弱势群体、不同的社会经济群体及残障人士等。

7. 内部人才市场：组织为满足自身需求，为员工提供灵活的机会，让他们在本职工作之外参与其他项目或任务。

以上所列几种形式中也应该包括岗位上的全职员工，但他们不应该是其中唯一的选项。为了更好地发挥人力资源的作用，组织应该对多种工作形式进行优化。可惜多数组织只有岗位上的全职员工这一种工作形式。在与其他组织进行人才交流方面，“连接人与工作”平台（People+ Work Connect）做得比较好。这个平台的创意来自它的创始人，他们分别是埃森哲咨询公司、林肯金融集团、ServiceNow 公司和威瑞森通信公司的首席人力资源官。“连接人与工作”平台建立于新冠疫情期间，由埃森哲咨询公司负责运营，旨在让有岗位空缺的组织知道去哪里找员工来填补空缺，也让裁员的组织知道哪些岗位可由它的员工来填补。这个平台萌芽于 2020 年 3 月，到 2021 年 6 月，已经有来自 95 个国家的 265 家公司用户，提供的工作角色超过 40 万个。“连接人与工作”平台的核心目标是让员工们能重返职场，打破组织只考虑自身员工队伍的传统壁垒。**要实现这一目标，最重要的一点是要找到一种“新货币”，即解构后的技能，而不是稳定不变的岗位。**例如，一家消费品公司的配送机构需要打包拣货员，而某航空公司的行李员正面临裁员的问题。尽管两个岗位的头衔不同，但对技能的分析显示，这两个岗位所从事的工作内容是相互匹配的，所以两个公司可以打破组织边界共享人才。

替代性工作形式的优化并非易事，我们在第 2 章中曾就工作自动化的优化进行过探讨。如果领导被传统工作机制束缚，只关注岗位和岗位负责人，优化工作就无法取得理想的效果。极少能有某种替代性工作形式可以完全替代固定岗位上的全职员工。解决替代性工作形式优化的问题，需要组织将岗位解构为任务和活动，然后将员工们“解构”为技能和能力，再对解构后的元素进行分析，了解这些元素与替代性工作形式的匹配度，最后对工作进行重构，寻求最合适的组合。

我们在引言中曾探讨过替代性工作形式的 3 个基本维度。

1. 任务（待完成的工作）。
    - 任务可以解构到什么程度？
    - 任务可以分散到什么程度？
    - 任务执行者可以距离任务多远？

2. 组织方式（包含工作的边界）。
   - 组织的边界是否能轻易被打破？
   - 组织与其他组织的关联有多密切？
   - 任务对合作的要求有多高？
   - 组织的边界弹性应该达到多大，才能纳入其他人？
3. 奖励（工作可以交换到的东西）。
   - 多长时间内可以获得奖励？
   - 奖励的个性化程度有多高？
   - 奖励对传统的薪资福利有多大的突破？

就像我们在引言中以产品设计师角色为例进行分析的那样，新工作机制应用上述问题对任务和员工的能力进行了解构，而不是问："我们能否用替代性工作形式替换当前岗位上的员工？"组织通过关注解构后的元素，可以看清替代性工作形式带来的机会和挑战。

替代性工作形式如何重塑人力资源工作

将替代性工作形式整合到工作机制中后，组织必须对人力资源的整套工作实操和流程加以重新考量。以下列举几个需要重新考量的方面。

规划。任务可以通过解构、与岗位脱钩及分散进行调整，因此组织在做人力资源规划时必须思考一些问题，如："我们是否可以将岗位分解成多个部分，借此减少规划中遇到的限制或难题？""哪些任务应该放在一起完成，哪些可以分开？"有时候，这种方法可以简化人力资源规划工作，因为组织对任务进行解构、脱钩和分散处理后，做人力资源规划就只需要利用 Upwork 和 Topcoder 这类零工平台既有的合格员工资源库。人力资源规划体系必须设计并考虑多种方案，其中包括联系其他组织和自由职业者。在这项规划工作中员工“供给”的概念已经发生根本改变。

吸引或寻找。按照传统做法，吸引、寻找和招聘工作通常侧重于雇用，组织希望能借此找到符合要求且对组织有意向的求职者。按照新工作机制，组织所遵循的理念是建立满足各岗位工作需求的人才库，为此需要建立一个流程，让多个系统（采购系统、承发包系统、合作系统和招聘系统）进行无缝衔接，以吸引可能不是组织内部岗位负责人的人员参与工作。这一点很容易理解，举例来说，任何公司都不可能为了在超级碗大赛期间投放于 YouTube 的广告而特意设置一个广告制作的岗位。但如果某家公司能对这项广告制作任务进行解构，使它与公司内的岗位脱钩，那么这家公司就可以通过众包或自由职业者平台将这项任务外包出去，并以丰厚的报酬或极高的声誉等传统招聘方案无法提供的条件吸引任务执行者。未来的招聘负责人不仅要善于吸引应聘全职正式工作的求职者，也要精于吸引自由职业者和志愿者，还要懂得找合作伙伴借调员工。

人才遴选。传统的遴选机制重在选择合适的应聘者成为组织的全职员工，为此通常会评估应聘者与组织文化的契合度，确保员工此后能在第一个岗位的基础上有所突破并获得职业发展。如果组织考虑采用雇用之外的替代性工作形式，那么遴选机制也会发生改变，这时可以选择合适的工作者来完成解构后的任务，这些任务可以在任何地方执行，并能马上向执行者支付报酬。有时候这意味着要将整个遴选过程交给人才平台来完成。由于工作可以被解构和重构，因此我们不再可以轻松地说“为岗位挑选人才”。关于工作的通用语言包括从雇用关系到合同工，再到志愿者等方方面面。“人才遴选”负责人将来是否会成为“工作者质量控制”负责人，并且像他们为正式岗位选择求职者一样擅长分析平台、合同工和合作伙伴的遴选标准呢？

人员的部署和发展。部署是指在不同工作体验、地点和任务之间调配工作者，发展则是指通过培训、体验式学习和挑战等方式培养工作者的能力。组织要突破雇用关系去思考人员的部署和发展，就意味着工作者和工作可以跨网络流动，而这个网络由任务、微任务、公司、平台和盟友等组成。按照传统做法，组织对人员的部署和发展重点放在晋升、降职和调岗等方面。如果要突破雇用关系去思考人员的部署和发展，组织就要摒弃传统做法，熟练运用任期、公假、特殊项目和人才交流等概念。组织如果能在更大的生态系统内安排工作和部署人才，而不是局限在自身内部，那么不仅可以为自身创造优势，也可以为工作者提供更多机会来规划学习和发展路径。打破雇用关系的局限后，不管雇主是否提供发展计划，雇员们都将拥有更多发展选择。

奖励。打破雇用关系的局限后，组织该如何改变薪资福利的概念呢？关于员工薪资福利的传统思维将会发展演变为更多样且更复杂的概念。分布式工作是指就算工作会带来有形的产出，这些产出也通常是在一个地方创造出来后，再通过中间人进行运输。这给那些必须通过个人接触才能提供的奖励出了难题。如果组织只有在工作完成后才能看到这项工作，就无法奖励完成工作的人在这个过程中所付出的努力、时间和表现出的积极性。如果组织不是雇主，那么非雇员就无法享受雇用合同中能提供给雇员的部分待遇，比如，建立在雇用关系上的一些福利、职业发展路径及与组织的隶属关系等。但人才平台可能允许组织通过正式员工享受不到的特殊津贴或条件来吸引工作者。比如，工作者按时完成项目后，组织可能向他支付大额奖金，因为它明白自己无须向他人重复支付这笔奖金，也无须向他们解释这笔奖金的发放。传统的层级制度和市场地位导致奖励的概念与一系列岗位挂钩。而当工作不断被解构和重构，组织边界不断被打破和改变时，传统的奖励概念就会变得无关紧要。

例如，如果组织的工作机制支持通过某人才平台的顾问来完成工作，也允许员工与其他雇主进行人才交流和约定任期，那么这个组织要如何制定合适的薪资标准和具有竞争力的奖励机制呢？在当今社会，这些竞技场鲜有交集，所以就算某个公司有合适的薪资水平和极具竞争力的奖励机制，它也可以对自己的员工说："你是公司员工，所以你的待遇不一样。这些顶级程序员、我们所聘请的顾问及那些同我们进行人才交流的人员都不是本公司员工，我们不可能将他们纳入公司的奖励机制。"就算现在，这种说法也是站不住脚的，毕竟顶级程序员的收入水平是摆在明面上的。比如，在 Glassdoor 的网站上，员工可以轻松查到其他组织的薪资水平，还能匿名评价自己所在组织的管理和规定。

当组织间存在明确的关联时，跨组织的模式变得更容易预测，组织这时可以利用两者间的界限能轻松被打破的特点，创建具有竞争力的奖励机制。这是因为组织一旦与能提供独特奖励的平台、承包商或人才供应商建立密切的联系，就能通过它们来增强自身的奖励结构。如果组织允许员工借助 Upwork 和其他平台通过副业赚取额外的收入，那么也可以引导员工通过那些平台获得他们想要的一些奖励，或者借此激励他们去掌握组织需要的一些技能。当组织与外包商、承包商、自由职业者或平台建立起合作关系，就能引导他们同组织合作，为员工提供组织本身作为单一雇主无能力提供的一些奖励。

离职。离职阶段通常被看作一段雇用关系已终结。离职是传统意义上非常容易衡量的事件，它意味着中断雇用合同。事实上，组织的人员流动率是研究最广且最透彻的一个领域，部分原因在于人员流动率的衡量难度较小。但随着雇用关系的打破，员工离职的概念将逐渐被淘汰。合同工或自由职业者完成负责实施的项目，这基本上不算与组织分离，因为这些工作者未来仍然可以与组织合作。“回旋镖”员工可能会离开公司，在其他雇主处开始一系列的职场发展，此后又带着更好的资历重新应聘原雇主的工作。如果有人认为这只是简单的离职和再就职经历，那说明他根本没有领悟到这类无边界关系的潜在价值。举例来说，员工离职后加入咨询公司，再以合同工的身份与原雇主进行合作，这种情况完全不符合传统的员工离职概念的定义。从多个角度来说，跨越传统组织边界的离职看上去更像是组织内部不同业务部门之间的流动。公司与其他组织的关系越密切，彼此之间的边界就越容易被打破，公司也就有更多工作开展方案可选。公司与其他组织的合作越多，也就有越多途径去优化员工离职和重返公司的模式。

请注意，在新工作机制下，人力资源实操的这些改变都体现了组织有更多工作开展方案。此外，要争取最佳解决方案，组织就必须把重点放在解构后的工作元素和员工技能或能力上。

零售配送中心的多元化工作形式

让我们回顾前文中举例的那家零售商。同众多组织一样，这家公司也曾考虑过采用替代性工作形式，但传统工作机制成了拦路虎。按照这家公司传统的做法，工作是由岗位负责人完成的岗位任务，这意味着当打包员生病时，公司无法充分利用管理服务提供商（MSP）找到合适的临时替代人员。当公司发现管理服务提供商推荐的人员需要接受全面的岗位培训，且培训会占用主管和其他打包员的工作时间时，自然会感觉困难重重。雪上加霜的是，管理服务提供商提供的人员可能每天都不同，导致公司需要每天重复对这些人员进行培训，直到生病的员工返岗。不仅如此，公司的管理也会因职责划分而出现经理人工作效率很低的问题，因为负责管理员工和雇用关系的人力资源部门，以及负责管理包括管理服务提供商在内的各种供应商的采购部门在找人（临时）填补岗位空缺的同时，还要在非正式员工和正式员工各自的优势之间寻求平衡点。非正式员工的优势是潜在灵活性更强，成本也更低，而当前岗位上的正式员工的优势是更具稳定性和可预测性。

如果公司把关注点放在解构后的元素上，不再关注如何替换岗位，而关注如何以最佳方式来完成解构后的任务，就能避免上文中提到的众多难题。组织领导者如果能在解构后的元素层面保持思路清晰，就能想到替代性的方法来对工作进行重构，从而避免基于岗位的传统工作机制可能带来的众多难题。

在采用新工作生态系统时，工作被解构成任务或项目，员工则被“解构”为他们所拥有的技能或能力。让我们再回想一下针对任务提出的问题：

- 任务可以解构到什么程度？
- 任务可以分散到什么程度？
- 任务执行者可以距离任务多远？

针对第 2 个问题，组织有众多任务执行者可选。工作应该由全职员工、兼职员工、独立合同工、零工、志愿者或第三方联盟完成，还是应该完全外包出去？第 3 个问题可以回答这两个疑问，即任务执行者可以距离任务多远（就算该任务要在现场完成）。这项任务可以独立完成，还是与其他任务之间有一定关联，因此它们应该被合并？

在明确哪些任务可以进行自动化后（参见第 2 章），零售商就可以把重点放在最适合由人执行的任务上，考虑好是采用传统的岗位制，还是其他替代性工作开展方案。适合由人执行的任务包括：

组装手提袋。这项任务对员工的要求是拥有一定的体力和模式识别能力，尽职尽责，注重细节。短期工作者也可能拥有这些技能，而且这项任务可以分散执行并脱离雇用关系。零售商可以通过 Manpower 这类管理服务提供商，借助零工或合同工来完成这项任务。管理服务提供商负责提供数量充足且拥有特定技能的人员，这些人员通常都能及时到岗，短期开展工作。

调整或重新打包手提袋内的产品，优化袋内空间并保证产品的完好度。这项任务要求员工针对打包时产品摆放的疏密情况进行判断，知道哪些产品非常易碎，打包时不能放得太紧。这些能力是随着经验的增加而提高的，因此短期工作者不适合执行这项任务。但这项任务的工作量还不足以让零售商为它设置一个全职的正式岗位，所以它可以与其他任务（如下一项任务）合并。

扫描打包好的手提袋并运至发货区。这项任务要求任务执行人注意细节，有一定的体力，但无需经验。任务执行人不一定是正式员工，也可以是零工或合同工。这项任务与调整或重新打包手提袋内产品的执行地点非常靠近，且二者所要求的部分解构后的技能相同。

零售商决定将调整或重新打包手提袋与扫描打包好的手提袋并运至发货区这两项任务综合在一起，设立一个重构的打包员岗位。这个综合岗位的任务很难与岗位脱钩，而工作中会遇到各种情况，这要求员工掌握多种技能以顺利开展工作。而且这个岗位的工作经验越丰富越受重视，员工的敬业度也会随之提高。将这两项任务合并后，零售商设置了一个正式的全职岗位，这一决定的效果优于把两项任务分开来处理。

下一个问题是如何为这些工作配置合适的人才。还记得我们在引言中介绍的 3 种可选人才方案吗？

1. 有固定岗位的全职正式员工。
2. 根据任务或项目流动的人才。
3. 扮演多个角色的混合型人才。

零售商在综合部分任务后设立了打包员的岗位，并让全职正式员工在这个岗位工作。岗位任务是调整和重新打包手提袋，然后将它们搬运至发货区。还记得组装手提袋的任务吗？它要求员工必须拥有一定的体力和模式识别能力，尽职尽责，注重细节，也要对产品有基本的了解。大部分员工可以轻松学会并记住这些知识，因此这项任务可以由流动人才来完成。他们可以来自公司外部（如零工或合同工），也可以是公司内部负责其他任务的员工。

零售商决定，最好由零工来负责组装手提袋的任务。这项任务对工作者能力的要求意味着公司基本无须对他们进行太多培训，但随着新零工的到来，公司必须频繁对这些工作者进行岗前培训。而且零工们不仅要具备一定的技能，还要得到充分的激励。那么该如何促使零工们以最大热情投入工作中呢？

零售商曾尝试通过它的管理服务提供商来实现这些目标。这家管理服务提供商有数千名工作者“登记在册”，这些工作者拥有各种技能。双方以理想的价格达成协议，要求管理服务提供商提供足够数量的零工人才。但零售商很快发现，它不但无法从管理服务提供商那里获得足够多的人才，还付出了远超预期的成本，因为管理服务提供商在零工工资的基础上加收 30% 的提成。零售商还发现，就算采用成本高昂的零工，他们上岗时还是必须接受岗前的培训。

于是，零售商放弃了最初那家管理服务提供商，改为使用面向仓库人才的零工平台，如 GigWorx 和 GigSmart。这些平台的加价率大概是 10%，由此可大幅降低零售商的成本。但零售商所使用的平台偶尔会出现人才短缺的现象，难以持续满足它对仓库零工配置的需求。

此后，零售商发现了一个独特的双赢方法。它决定将其他岗位的员工纳入公司零工人才库。零售店常见的现象是导购们一般希望增加工时或班次，但这些愿望是这家零售商无法在门店内满足的。按照传统工作机制，零售商的配送中心只设有全职岗位，员工不可能一人占据两个岗位，所以门店员工没有机会去配送中心从事第二份工作。

但新工作机制对工作进行了解构，配送中心的任务与传统岗位脱钩，由此门店员工可以在配送中心成为内部零工。门店员工早已是公司正式员工，所以他们在配送中心工作时会比外部零工更勤奋，更可靠。这些内部零工对达成公司的使命和目标投入更多，因为他们也是门店的正式员工。使用内部零工来开展工作后，零售商无须再使用管理服务提供商或外部零工平台，也就节约了第三方额外成本。

零售商构建了自己的平台，即“内部工作市场”，对内部人才（员工）和外部人才（合同零工）都开放。最初，零售商主要使用从外部平台招募来的零工，门店员工到配送中心打零工只是补充零工的一种形式。此后，随着内部工作市场变得越来越为大家熟知，内部零工的数量也越来越多。因此零售商改变了这种模式，采取了对门店员工和外部零工在使用上并重的模式。

当然，要让门店员工在配送中心承担额外的工作，零售商就要关注加班费用的支付，以及全职和兼职工作之间的区别。比如，如果门店员工一周在门店的工作时长和在配送中心担任零工的工作时长相加超过了 40 小时，公司要如何处理呢？对此，零售商调整了匹配人才和各班次的算法，在选择门店员工并为他们分配配送中心的班次时尽可能降低加班的机率。这种算法会评估所安排的每个零工的门店总工作时长，再将他们分配到配送中心的各班次，确保每位零工每周工作时长不超过 40 小时。随着门店员工在门店的工作时长发生改变，算法也会相应地调整他们在配送中心的班次。

由此可以看出，新工作机制和我们的 3 个基本维度（任务、组织方式和奖励）能够帮助大家更清楚地了解工作内容，找到成功解决工作安排问题的方案。对于这家零售商来说，运送手提袋的任务可以同岗位脱钩，但不一定要通过非正式员工来进行；公司可以通过外部管理服务提供商来打破自身的边界，但也同样可以打破配送中心和门店之间的界限；奖励机制可以继续建立在雇用关系之上，公司也可以对奖励机制加以修改，根据在门店和配送中心所完成的任务（或执行任务时长）而不是根据单一的岗位来进行奖励。

新冠疫情促进工作流程的改善

对于流向配送中心的零工来说，新冠疫情带来了新的情况。具体来说，疫情一方面大幅提高了人们对这家零售商产品的需求，门店员工工作量因此而增加，另一方面导致了能在配送中心从事零工工作的门店员工数量的减少。疫情也影响了航空公司和酒店服务等一些行业，部分企业停工，配送中心却从中受益，因为那些受疫情影响行业的员工成为新的外部零工的来源，他们可以到配送中心工作。

这场疫情也极大地改变了员工们参与工作的方式。通常情况下，零工们会步行去取手提袋进行组装，再将组装好的手提袋放在传送带上。但疫情防控措施迫使配送中心的领导者重新思考工作流程及产品与设备的位置，以尽可能减少人与人之间的接触，确保员工之间保持足够的空间。零工们被安排在靠近堆放手提袋的特定位置，装配好的手提袋则被堆放在另一个位置。有趣的是，这种方式迫使公司反思如何改善工作流程，减少瓶颈。**新冠疫情防控措施不仅大幅改变了当今的工作，也为工作的持续重构和未来的自动化考量设置了种种限制。**

巴塔哥尼亚（Patagonia）是一家户外用品零售公司，设计和提供可持续的食品和户外服装。[①] 公司的使命是“公司经营只为拯救我们的地球家园”。这家公司的产品包括户外服装、户外装备，以及采用可再生方式生产的有机食品和饮料。新冠疫情导致门店顾客的需求下降，门店员工面临被迫停职的风险。与此同时，疫情大幅提高了在线零售中心的工作量和对员工的需求。巴塔哥尼亚公司发现，继续保留门店员工岗位的办法是让他们去应对激增的网店需求，如果门店员工和客服代表可以居家工作，问题更好解决。但麻烦的是这两种岗位的薪资机制和评估机制存在差别，而且

① 记录巴塔哥尼亚新型商业模式和创业哲学的《冲浪板上的公司》，由巴塔哥尼亚的创始人伊冯·乔伊纳德写就，讲述了公司的发展历程。其中文简体字版已由湛庐引进，浙江人民出版社出版。——编者注

二者没有太多共同点。不过在对两种岗位进行解构后，巴塔哥尼亚公司发现，可以对工作进行重构，从而使众多门店员工可以从某种类型的工作转换到另一种类型的工作。这样问题就成了如何平衡两种岗位的薪水，做到公平公正。解决这个问题的方法是将工作重构后设立新的岗位。由于新岗位的工作任务与门店和客服工作有重叠，因此交给客服代表或门店员工都可以，且不管是谁，新岗位的薪资不变。

打破岗位限制，让员工掌握更多技能

打破岗位限制后，更广阔的工作生态系统会是什么样的呢？

某跨国保险公司建立了一个全球共享的、敏捷的数据科学职能部门，将内部其他部门在数据科学领域有能力的人才全部聚集在一起，为公司在全球各地的职能和业务部门提供支持。它的目的是通过匹配人员技能和工作任务，让人才可以流动到各项目中去，而不是采用传统的人员与岗位匹配的方式。这家保险公司首先确定了数据科学职能所需要的技能（例如，了解和使用 R、Python 这类编程语言的能力，以及掌握线性建模的知识等）。公司的记录系统给所有人才分配了一个岗位编码，也建立了薪资标准。此后，公司在这一薪资标准的基础之上，根据人才的技能组合的市价调整个人薪资。比如，有些人会使用 Python、R 语言并会线性建模，而其他人则可能会使用 Python、R 语言和 Angular 框架。公司将这些人才视为技能库，根据他们的技能来匹配各种工作（项目、任务等）。公司新建了一个专业技术人力资源中心，以协助业务负责人设计项目和任务，而不是像过去那样设立新岗位。这些项目被发布在公司的全球内部人才市场中，支撑这个市场的机器学习算法将每个项目的工作活动转化成开展工作所需的技能。此后，算法会用这些技能去匹配数据科学职能部门的人才们的技能，也会考虑哪些人才可能拥有相近的技能，他们的工作兴趣点是什么，以及他们是否还有精力去承担那些工作。这种算法还会向员工发送信号，告知他们市场对哪些技能的需求正处于上行趋势，对哪些技能的需求处于下行趋势，并就具体的技能培训方向提供建议，以便人才们能够紧跟公司内工作不断发展的脚步。

这种操作方法要求管理者在文化和能力上进行大转变。采用这种方式后，工作会被分解成一系列的任务和项目来进行，而且岗位上从事工作的并非公司的全职员工，这种情况会导致管理者觉得事情相当复杂且脱离了自己的控制。为此组织必须进行广泛的变革管理。变革管理计划包括汇集资源帮助管理者来理解该模式背后的经济原理，为项目设计提供支持，并且明确阐述任务管理的结果和各种小技巧。例如，为确保项目的完成，工作人员不管是身处孟买还是旧金山都能有效参与工作和协作，公司要求管理者确保人人都能参加虚拟会议。大家并不会在实体的会议室内碰面，因为那样做会营造出一种“不公平的竞争环境”，阻碍全员公平参与项目，在高度协作的活动中尤为如此。我们将会在第 6 章中重点探讨新工作机制对领导力、管理和协调等方面的影响。

在以技能驱动的全球内部市场里，员工们要想获得职业发展，就必须拥有需求量更大或更高层次的技能，而不是更高的组织头衔。保险公司在确认高需求技能时并不会只关注本公司内部的需求，还会分析 Burning Glass 公司和君凯环境管理咨询公司（EMSI）等外部组织的数据，深入了解外部对各种技能的需求。综合这两方面的数据源后，数据科学员工们可以了解到他们要具备哪些技能才能紧跟潮流发展，满足当前和未来可能的项目的需求。工作平台的算法也会计算员工们当前所拥有的技能和所发布项目对技能的需求这两者之间的差距。公司再根据这些技能缺口去匹配学习资源，然后向那些“最接近资格要求”的应聘者推荐相关学习资源，帮助他们力争完全符合要求。

这家保险公司的数据科学职能部门让我们看到，新工作机制体现了打破岗位限制后的工作生态系统。虽然工作者都是公司的正式员工，但他们并没有固定的岗位，会不断地根据任务和项目流动。这种工作生态系统的核心基础就是员工们并不是岗位负责人，而是解构后技能的综合载体，这些技能可用于执行任务，也可在出现技能缺口时加以提升。**员工们现在被当作更为完整的技能载体，而不仅仅只是岗位负责人。**他们不再只能等着“下一个岗位”出现，因此其职业生涯可能更加灵活。

薪资解构：由按岗定薪转向业绩能力奖励

新工作机制最重要的特征是高效匹配员工能力和工作任务，打破岗位负责人和岗位之间“1 对 1”的传统关系，在技能与任务之间建立起“多对多”的关系。新工作机制在员工和组织之间提供了新的价值交换，组织不再只是传统地按照岗位提供“薪资”，员工也不再只是根据所在的岗位而是靠自身技能和能力获得奖励，而且他们的技能和能力在持续不断地得到重构。

回顾前文提到的保险公司的数据科学家的组织方式，他们可以根据工作进行流动。公司是该为这些人才设置一个假想的岗位，并根据类似岗位的市价来给他们支付薪资，还是可以更为有效地使用奖励工具，更明确地根据技能来对他们进行奖励？我们此前曾对新工作机制下的人力资源实操进行过分析。接下来，我们会以表格的形式对奖励方法进行更为详细的介绍，并列举传统工作机制和新工作机制中奖励架构的部分差异（见表 3-1）。

表 3-1 两种工作机制下的奖励方法

奖励元素	传统工作机制	新工作机制
理念	强调极具竞争力的薪资以吸引稀缺人才；奖励周期较长；注重内部管理的公平性	强调个性化；按任务完成情况实施奖励；鼓励员工持续学习、提升技能
薪资	基本工资主要与岗位的市价挂钩，额外的技能对基本工资的影响有限。绩效工资与公司的年度目标和利润挂钩	薪资被作为整体管理，而不是被分开管理 薪资的管理更注重职业发展、技能培养和潜能评估等前瞻性的指标。在完成特定的任务和项目后可能仍然会有具体的奖励，但薪资的市场水平是根据具体的任务和技能设定的，薪资总额是这些解构后元素的总和
福利	福利是集体享有的，会随着任职时间的增长而增加。福利待遇基于长期的雇用关系	福利是个性化的，强调短周期、可定制。公司常常可以灵活地综合不同的奖励或福利元素，比如，减少现金薪资或养老金缴纳比例，加大医保覆盖范围，或者增加可免税的“学习经费”。这种个性化福利可以让组织更好地吸引更多元化且更广泛的人才，提高公司吸引熟练员工的能力
学习与发展	学习与发展的重点是为标准的职业发展道路上将从事的工作做准备。学习资源非常广泛，但不能很好地指导员工如何填补解构后技能或能力上出现的缺口	员工们会持续接收到信号，帮助他们了解组织内外在技能和任务层面的供需情况和定价情况。学习资源的重点在于解构后的任务和技能，着重强调如何填补具体的缺口
工作环境	传统的工作环境，强调岗位和岗位负责人，认为工作关系会长期持续，会预先制定年度或长期目标	协作型环境，通过建立人才网络来汇聚人才以应对特定的挑战，并根据不断变化的内部需求和外部环境持续地加以调整。人才与组织的关系有多种形式，如正式员工、零工和合同工等

公司必须评估技能和工作元素的市价，而不是岗位的市价，这一点非常关键。在保险公司的案例中，数据科学家们组建了一支团队，允许他们

根据工作所要求的技能流向工作。当这个团队根据需求工作时，我们如何评估工作所要求的一系列技能呢？我们能否对薪资进行解构，让薪资充分体现各种技能组合的价值呢？公司正越来越多地使用数字工具分析技能的市价，再根据不同的技能组合就薪资水平提出建议。例如，我们也许确定，在美国，具备最常见的 5 项核心技能（如 HTML5 和 AngularJS）的数据科学分析和商业智能专家的基本工资中值是 12 万美元。如果在必备技能中增加 C++ 语言，薪资如何呢？分析工具显示，在增加这项技能后，新技能组合的市价可能会增加到 13.5 万美元。不管是对公司还是个人而言，这类工具都至关重要，它能够确保奖励（和人工成本）与组织在技能要求上的转变保持一致，同时在个人的技能培养和发展决定上提供指导。

新工作机制鼓励公司关注对工作和员工进行“解构”后的元素，公司由此能发现在全职雇用方式之外还有更多机会让员工参与工作。就算是对正式员工而言，新工作机制也允许他们在为公司贡献自身价值和获取回报方面有更多的选择和更高的灵活性。

正如我们所看到的，传统工作机制建立在岗位和岗位负责人的基础之上。如果在传统工作机制框架下采用替代性工作形式，那么整个过程会非常烦琐且低效，因为传统工作机制的思考角度是如何用替代性工作形式取代岗位上的员工。而公司需要更细致的方法，将工作任务和员工能力分别加以处理，再彻底重构解构之后每项任务的工作安排，创造全新的工作模式。

零售配送中心的例子让我们看到，当组织领导者试图从岗位的角度去解决工作中的难题时，他们不知道该如何编写新的岗位职责描述，才能允许门店员工通过内部零工的方式在配送中心从事额外的工作。而当组织领导者让工作与岗位脱钩、员工与岗位负责人脱钩后，他们发现可以将正式岗位（门店员工）和内部零工机会结合在一起。这种工作安排是完成这些任务（在配送中心组装手提袋）的最佳选择。

本章强调了一个事实，即新工作机制下不仅要对岗位进行解构，以真正了解工作内容，还要对员工进行解构，了解他们的能力，同时还要充分利用正式员工之外的人才，使新工作机制变得更具象化。在下一章中，我们将进一步探讨这一点，并提供方法，展示如何突破岗位要求的能力范围去发现员工具备的所有能力。

建立人工智能时代的新工作机制

WORK WITHOUT JOBS

- 新工作机制最重要的特征是高效匹配员工能力和工作任务。
- 应当用技能与任务之间的“多对多”关系取代岗位负责人与岗位间“1 对 1”的关系。
- 在新工作机制下，工作可以由正式雇员负责，也可以由日趋多样的替代性工作形式来完成。
- 引入替代性工作形式的关键在于，解构工作所需的技能，而非维持原有的岗位。
- 员工想要获得职业发展，重点不在于职级的提升，而在于掌握市场需要的关键技能。

WORK WITHOUT JOBS

第 4 章

新工作机制下的员工：掌握人工智能时代的终身学习密码

WORK
WITHOUT JOBS

员工是技能的载体，
而非学位持有者或岗位负责人。

组织和社会对个人、员工和潜在员工的能力应该承担什么样的责任呢？按照传统做法，组织会将员工的能力与其岗位挂钩，多数人力资源系统会判断个人能否胜任组织内的初级岗位或新岗位的工作。培训项目侧重于帮助员工做好从事工作的准备，而工作体系追踪的是个人的岗位和头衔。传统的简历中会列举应聘者过去的岗位头衔和教育背景。教育机构的传统做法是让学生成功完成众多课程或特定专业的学习后向其授予学位。在将两者综合后，传统工作机制会针对稳定不变的岗位设定一系列任职资格要求，然后寻找拥有合适学位或工作经验的应聘者，拒绝那些不能 100% 达到“资格要求”的人员。

我们在前文中介绍过，组织对敏捷性的需求日增。面对这种情况，如果组织从前文中介绍的角度去安排工作和管理员工，最终结果只会不尽如人意。首先，如果员工的任职资格与其学位或此前的岗位头衔绑定，那么与学位或岗位无关的一些能力就会被忽视。还记得我们在引言中所举的例子吗？零售店收银工作的自动化导致收银员的岗位被取消，而这些收银员事实上通常拥有与新工作部分相关的能力。传统的工作机制立足于岗位和岗位负责人，看不到收银员在相关领域的能力。组织在采纳新工作机制来了解员工的所有技能时，他们认为这项工作是对员工资质的全面了解。员工们可能拥有众多技能，但不管在哪个岗位上，他们都只会用到部分技能。而当工作发生变化时，他们所具备的任何技能都可能派上用场。

其次，正如我们在前文中所指出的，传统工作机制立足于岗位，员工被视为岗位负责人，因此组织倾向于关心员工能否完全胜任某特定岗位的工作。这种观点是比较短视的。当出现员工短缺或其他急剧的变化时，这一点尤甚。组织思考的不应该是“某员工能否完全胜任这个岗位的工作”，而应该是“哪些员工最可能胜任这份工作，他们还需要哪些条件才能完全胜任工作”。组织要找到最能胜任工作的人，就必须建立一定的工作机制。**在新工作机制中，员工被视为技能或能力的载体，而非学位持有者或岗位负责人。**

为了填补部分最重要的人才缺口，行业和政策制定者们正努力将学位和岗位解构成技能或能力，这是重中之重。早在2017年，IBM公司前首席执行官金妮·罗梅蒂（Ginny Rometty）就是这种方法坚定的支持者。罗梅蒂认为这些都是“新领”岗位，不同于传统意义上的蓝领或白领。单在美国，与科技相关的领域就有50余万个岗位空缺。罗梅蒂在《今日美国》（*USA Today*）的专栏中解释称，并非所有科技工作都要求从业者必须有大学文凭。“在IBM的众多办公室里，有多达三分之一的员工并没有本科学历，”罗梅蒂写道，“真正重要的是，这些员工……拥有与岗位工作相关的技能，而这些技能通常是通过职业培训获取的。”她表示，随着行业的转变，工作会“要求新的技能，而这也会相应地要求教育、培训和招聘都采用新的方法”。

这些新方法是什么呢？IBM公司曾计划在2017年底前招聘6 000名员工，其中很多人有着非传统的背景。“我们在美国招聘的人员中，有15%的人没有本科学历，”IBM公司原副总裁乔安娜·戴利（Joanna

Daly）说，“这是个机会，我们可以借此拓宽应聘者的范围，以填补技能缺口。”IBM 也宣布，公司将会与全美的社区大学合作，帮助美国人做好准备抓住“新领”职业发展机会。戴利表示，对于那些没有正式学士学位的人而言，他们可以学习相关的职业课程，并且积累实战经验。

截至 2020 年末，更多组织正式认可了这种方法。例如，阿斯彭研究所（Aspen Institute）的网络安全小组宣布，有 16 家公司承诺遵循以下原则增设网络安全和高科技岗位：

- 扩大应聘者来源，其中包括招聘时不再重点关注有本科学历的应聘者，并在描述岗位职责时不带任何性别偏见。
- 调整招聘启事，不过多设定岗位要求，重点强调核心要求和敬业度。
- 所制定的职业发展路径对现有员工和应聘者而言都明了可行。

“我们这个行业在讨论网络安全员短缺的情况时常常会用到‘人才缺口’这个词，而这个词存在一定的误导性，”Rapid7 公司首席执行官科里・托马斯（Corey Thomas）说，“数百万美国人都有能力在网络安全领域有出色的表现，这个数量远远超出我们的需求，只是很多人并不知道自己可以做到。Rapid7 公司致力于帮助这些缺少机会的群体在网络安全领域发挥自身潜力。”

当然，真正的工作机制情况会更加微妙一些。在传统工作机制下，多数组织不仅会跟踪员工们从事过的工作，也会更加细致地记录他们的工作能力，即所谓的技术或能力。甚至连教育机构都在号召解构它们的教育产品，让学生能在职场空白期进入机构学习，并且可以提供叠加式证书，即学生们无须一段时间的持续在校学习，而可以在积累多份叠加式证书后换取学位。美国劳工部对叠加式证书的定义是“可在长时间内进行累积的一系列证书，能帮助个人在职业道路上获得发展或晋升”。因此在新工作机制下，叠加式证书被解构为一张张能培养个人任职资格的证书，帮助证书持有者获得职业发展和争取其他收入可能更高的工作。

叠加式证书：对大学学历和学位进行解构

当组织和员工开始立足于解构后的技能或能力层面时，雇主和学生自然也将批判性地审视各种教育机构（本科大学、社区大学和认证机构等）。他们将要求这些机构对其提供的学历学位进行解构，从而提升课程和证书的质量，更好地应对解构后的流动工作。众多教育机构在这方面开展了很多实践和活动，其中最突出的就是叠加式证书实践。

哥伦比亚大学社区大学研究中心的托马斯·贝利（Thomas Bailey）和克莱夫·贝尔菲尔德（Clive Belfield）称，高等教育机构应该更加重视证书的颁发，而叠加式证书机制是解决相关问题的方法之一。学生可以通过这种机制获得短期的资格证书。当他们从大学辍学或需要全职工作时，这种资格证书将在劳动力市场中发挥作用。此后，当他们重返大学，回到原大学或其他大学继续攻读更高的学位时，此前的学分继续有效。例如，某个人希望成为会计，为此报名参加记账业务课程的学习，随后又学习了针对工资结算员（业务助理）业务的课程，并最终获得了会计专业的大专文凭。

贝利和贝尔菲尔德还举了另一个例子：学生可以依次获得医疗保险和

医疗转录两个领域的证书，并可能借此获得理学专科文凭，走上卫生技术人员的职业发展道路。他们指出，采用此类叠加式证书机制后，学生可凭借相对较少的学分获得有市场价值的证书，并且可以在此基础上争取获得更高层次的文凭，习得更复杂的技能。他们由此断定，“对于那些低收入家庭或第一代大学生而言，他们要完成大学学业会面临重重障碍，叠加式证书可在短期内获得，这让他们可以走出死胡同，还让他们有可能获得更大的收益。”

美国全国技能联盟成立了高质量专科学历政策研究学会（Quality Postsecondary Credential Policy Academy），旨在帮助 6 个州统一高质量非学位证书的定义。所谓的高质量，就是必须有显见的证据证明证书获得者能满足雇主的需求，必须有公开的流程能吸纳核心利益相关者的意见和建议，还必须让学生能在充分了解信息后决定自身的教育和就业目标。该联盟就高质量非学位证书的核心标准达成了一致，这些标准包括：

- 有证据证明该证书能带来大量的就业机会。
- 有证据证明证书获得者已经具备了相关技能。他们除了完成标准学时或修满标准学分之外，还应该能证明所具备技能的娴熟度。
- 有证据证明获得证书后的就业情况和收入情况。
- 证书的叠加性，对于有短期培训需求的岗位来说是必要的。

我们将在第 7 章中再次探讨这个话题，分析对这类机制进行推广和整合时必须考虑的一些政策问题。在本章中，我们以这类项目为例，说明新工作机制下的工作和员工解构可以直接影响培养员工的教育机构。如何让教育与工作挂钩？这是一个棘手的问题，我们必须通过新工作机制来解决，就如组织需要新工作机制来解决快速变革、自动化和替代性工作形式等棘手的问题一样。

使用通用语言描述员工能力

前文所讲的实践可以被视为新工作体系的开端。在新工作体系中，岗位必须被解构为任务元素，个人能力则以同样的方式被解构为各种技能。但这些体系通常被视为每家组织或教育机构所特有的。新工作机制越来越多地要求体系使用跨组织的通用语言对员工的能力进行细化。假设某公司针对销售、现金和折旧有其独特的定义，虽然它可以在内部做出合理的资金决策，但金融市场会拒绝与它交易，而且金融机构也可能不会安排这家公司和其他组织之间的资金流动。而会计的通用语言清除了组织之间的沟通障碍，促成了资金在组织之间流动。

新工作机制必须逐步加强对部分工作者的支持，这些工作者要么在组织之间快速流动，要么从未加入过任何一家组织。西门子公司借用了迪士尼公司的市场营销人员来推销儿童助听器。自由职业平台提供了数万名自由职业者，工作内容涵盖了从商标设计到软件应用开发，再到文件制作等各种项目。组织请这些工作者做事，但这些工作者都没有成为组织的员工，也从未被纳入组织体系。

组织之间如果没有通用语言，就无法进行资金交易，也同样无法进行员工交换。如果工作用语不严谨或各地之间的语言不兼容，员工们就无法在项目和组织间有效流动，甚至无法在组织内的不同岗位之间流动。关于这种脱节，最鲜明的例子当属军队对内部众多岗位职责的描述。从沃尔玛到星巴克，再到美国政府，不少组织都希望能聘用退伍老兵，但军队的工作用语不太适合地方工作。

美国劳工部有一个网站，可以将军职专长（Military Occupational Specialty，MOS）[①]翻译转换为对应的民用专长。我们以美国空军为例，在空军的军职专长下拉菜单中找到“分析师”，就会看到一长串的“笔译员和口译员”；再找到“领导者”岗位，对应的民用岗位是“建筑工程经理”。招聘经理也可以通过这个网站查看与民用岗位种类相关的军职。比如，选择“会计和预算类”职业，并且选择名为“审计”的军职专长，就会看到匹配的是审计官和文书之类的军队岗位。海岸警卫队对“文书”岗位的职责描述是“为个人提供职业转型、权利、激励计划、退役方案和退伍军人福利政策等方面的信息和咨询”。而海军对“文书”岗位的描述则包括了广泛的，几乎完全是行政管理和文书方面的职责。这两个军事部门对“文书”岗位的定义完全不同，而且二者在描述岗位职责时所用的语言也让人难以判断这两类文书能否胜任地方企事业单位审计岗位的工作。

西门子曾经与迪士尼的员工合作，推销西门子儿童助听器。当组织之间借用人才时，会在很大程度上仰仗合作方对员工的能力和任职资格的描述语言。比如，一家公司要使用某劳务公司或咨询公司的员工，那么它需要通过合作公司的描述来判断这些员工的能力。通常情况下，这些组织对同一工作的描述语言存在巨大差异，这种情况就类似于不同军种对同一岗位职责的描述。

但这种情况也正在发生改变。IBM 的全球劳动力计划（Global Work-

① 美国军事职业分类系统，是一套较为详细、完善的军队岗位分类体系，为军人招募、选拔、分配和培训提供方法和标准。这套系统最初分为 3 个大类、15 个次类，共 276 个岗位，该分类系统保持了与时俱进，岗位设置与要求不断更新。——编者注

force Initiative）旨在让人才能在 IBM 旗下各机构和项目间自由流动。为此，IBM 的全球领导者必须采用通用的技能分类法来描述工作，避免某地区对岗位（如项目经理）的描述不同于其他地区。IBM 要求旗下各机构采用通用语言描述约 100 种“角色”。此后，公司要求所有外部人才供应商也采用同样的语言，以便公司内部和外部人才供应能更好地对接。IBM 有哪些工作需要完成？供应商提供的是什么样的人才？这两个问题的答案更加明了后，外部人才的定价就会更合理，IBM 也由此节约了数百万美元。

再次强调，这不是微不足道的管理问题。如果组织不能针对工作设定合适的通用语言，就会造成成本浪费，或者错失借助外部人才来更好地完成工作的机会。一些组织已经采用领英（LinkedIn）的个人档案来记录员工的工作经历和能力。他们指出，与仅适用于一家组织的内部系统相比，员工们会更积极地随时更新自己的领英档案。

如何减少全球失业现象，解决技能短缺问题呢？探讨这些问题的政策通常重点关注如何创造更多优质岗位。但这些问题的重要解决方案或许是突破岗位限制，创造“优质的工作”，即允许员工们的资格证书能够在不同行业间灵活地应用。世界经济论坛提出的观点认为，技能是一种用于描述员工的、细化后的货币。**技能和能力并不完全一样，建立新工作机制的一项颇具发展前景的内容是使用技能方面的通用语言来描述员工和工作要求，将员工视为一系列能力的综合体，而不仅仅是岗位负责人或证书持有者。**

例如，美联储费城和克利夫兰分行合作开展了一项研究，旨在绘制员工从某地低薪职业（如宾夕法尼亚州费城市的柜员）转换到另一地较高薪职业（如科罗拉多州丹佛市的销售代表）所需的路径。这项研究关注的不是岗位或学历，而是这些职业解构后体现在岗位招聘广告中的技能元素。研究分析了哪些技能是低薪和较高薪职业都要求具备的，以及较高薪职业在招聘广告中通常会提出哪些技能要求，而低薪职业员工需要培养哪些技能才能更好地匹配这些要求，也分析了员工该如何培养所需技能。这项研究的最终成果是职业流动性路线图（Occupational Mobility Explorer）。员工们可以在线上轻松地查阅这项研究成果，使用这张路线图来改变职业和就业地点，转换到可获得更高薪水的工作地点和职业。

世界经济论坛也同样指出，每 5 名员工中会有 1 名在消费行业就业。有的角色在劳动力市场上供过于求，且他们的很多工作可能被自动化技术取代（如机器操作员）；有的角色在劳动力市场上供不应求，且他们的工作不太可能被自动化技术取代（如实验员或医技人员）。世界经济论坛携手联合利华和沃尔玛，对这些角色的技能要求进行分析对比，吃惊地发现，员工们大大低估了自身的技能，而人工智能评估可以发现那些隐藏技能，使员工们身上被发现的技能数达到此前的 3 倍。

要进行上述分析，必不可少的一项内容就是将员工和工作“解构”为技能或能力。随着工作生态系统的发展，对员工和工作进行“解构”会变得越来越普遍。我们将在第 7 章中探讨公共政策如何更好地支持这项工作，到时也将再次谈及员工和工作“解构”的内容。

如果只在岗位的范围内谈工作元素（任务、项目），人们就看不到新工作机制带来的机会和见解。新工作机制可以对工作元素进行解构和重构。同样，如果把员工的能力套在岗位负责人或学历的框架中，就会让人看不清新工作机制带来的机会和见解。新工作机制会解构岗位、学位等元素，让员工可以重构自身技能或能力，拥有更明确的目标，也能让组织可以更精确且更动态地将员工和工作进行匹配。调整重点，把注意力放在员工的技能和岗位的任务或项目上，可以提高劳动力市场的效率和响应能力，打破个人和岗位现有的“1 对 1”的关系，在技能和任务之间建立“多对多”的关系。

零售配送中心案例 1：解构员工技能

让我们再回顾此前那家零售商的案例，看看零售商如何将工作与员工的各种技能和能力进行匹配。零售商在引进自动化技术和零工后对打包员这个角色的工作和技能进行了解构，并将解构后的工作与打包员技能进行匹配（见图 4-1）。我们从图中也可以看出，随着工作任务的增加和重新分配，对打包员的技能要求也会相应发生改变。

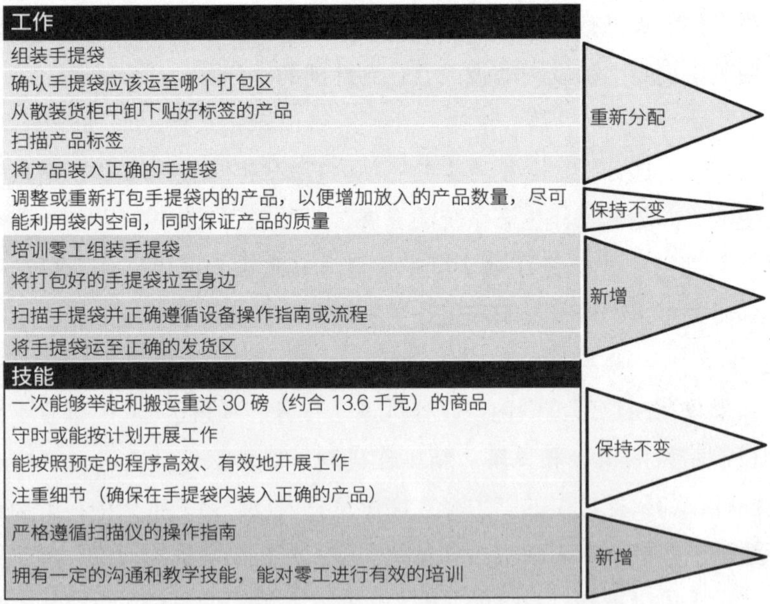

图 4-1　解构后的打包员技能和工作的匹配情况

让我们先看看图中的“工作”类型，前 5 行列举了在引入新工作机制后被重新分配的一些任务。我们在前一章中介绍过，零售配送中心的多数任务被重新分配给自动化技术执行，零工们则负责组装手提袋。打包员摆脱了部分过去的工作，可以承担其他额外的工作。额外的工作中包括新增的一项培训任务，即培训那些即将负责装配手提袋的零工们。打包员也需要承担此前由仓库管理员负责的工作（将打包好的手提袋拉至身边，扫描手提袋，然后将它们运至发货区）。这些新增的任务要求新打包员掌握新技能，这一点从图中的“技能”部分就可以看出。要在工作内容和开展工作所需技能之间建立明确联系，就要进行这种解构。如果只从岗位和岗位负责人的有限视角出发，就会导致这种联系不明晰。

对这家零售商而言，员工的所有技能都可以派上用场，因为工作被重新分配后，有些工作虽然被其他工作替代，但新工作依然要求员工拥有类似的技能。员工在重构后的岗位上也会学习新的技术。例如，要按照操作指南来使用扫描仪，员工就要了解将扫描仪放在哪个位置，以及扫描仪上的信号分别代表什么意思。而要培训负责组装手提袋的零工，全职员工就要掌握更加“复杂”的知识，比如，有效沟通的原则、成人学习的原则，以及如何才能有效地进行工作培训。现有的员工拥有与工作相关的专业技能（这是过去所扮演角色的一部分），但就重构后的角色而言，培训零工所需的沟通和教学技能就是新技能。

一旦理解了这种模式，组织就可以利用解构后的技能，根据发现的技能缺口去其学习管理系统中寻找相应的学习资源。学习资源包括以下几种：

- 内部在线学习资源。

- 现场面对面的培训。
- 推送到手机上的小型数字化学习资源。
- 虚拟现实或增强现实模拟。
- 订阅外部资源（大量开放的在线课程，学习平台等）。

在本章结尾和第 7 章中，我们都会指出，组织和其员工一旦接受并建立新工作机制，对岗位和岗位负责人进行解构，就自然会要求教育提供方相应地改变其生态系统。我们在前文中介绍的叠加式证书正是这种情况。

零售配送中心案例 2：培养相邻领域的能力

在第 2 章中，我们探讨了这家零售商最初在使用其传统工作机制时如何试图通过增加岗位（即机器维护人员和故障处理人员）来保证新技术的应用。在第 3 章中，我们介绍了这家零售商重构了打包员这个岗位，列举了哪些任务被替代、哪些任务被保留及增加了哪些新任务。

现在，零售商可以从解构后的技能角度来安排新角色中的员工。新打包员角色所要求的众多技能与传统角色要求的一样，但也有一个例外。前文讲过，零售商把组装手提袋的任务交给零工，就要对零工进行培训。零售商认为应该由新打包员负责培训，因为他们熟悉手提袋的组装工作。这种安排看上去挺合适，毕竟负责组装手提袋的零工们的工位靠近打包员。

将培训任务从其他任务中分离出来，这种做法可以给我们非常重要的启示。打包员能轻松地执行新岗位上的多数任务。他们可以快速学习如何操作移动扫描仪，按照扫描仪的指示做事。事实证明，这些相邻领域的技能适用于重构后的工作。但打包员在培训零工组装手提袋这项任务上遇到了难题。他们并没有培训零工所需的有效沟通能力和演示能力，也无法与零工们共情。尽管这些能力属于执行操作任务时所需能力的相邻领域，但事实证明，培训完全有别于实操。不管是传统工作内容，还是多数新增工作内容，它们所要求的技能强调的是一定的体力、能遵循既定的程序及注重细节。而重构后打包员的工作增加了培训任务。零售商做出这种安排是出于方便考虑，却没有对技能进行解构，也没有确定所需技能是否真正属于相邻领域。

如果零售商设立“手提袋组装工”这个传统的全职正式岗位，那么全职员工只会执行这一项任务，并在有新人上岗时进行间歇性培训。而当零工来负责组装工作时，可能每天都会有未经任何培训的零工上岗，那么培训就变成了一项持续性的任务。不管是从经济角度出发，还是就组装手提袋本身的特征而言，就算需要增加培训，零售商使用零工来做这项工作也是合情合理的。零售商调整了培训任务的分配，将它纳入高级打包员的岗位职责中，便于他们做好晋升准备，进入新的角色（如操作协调员或经理），承担更大的责任。对新角色而言，沟通和指导能力变得更加重要。为此，零售商开发了在线培训课程，以培养员工的沟通和指导能力。

建设以技能为基础的职业发展道路

按照传统工作机制，岗位被简单地分为多类，并被划分为各种级别。例如，金融领域的会计类岗位有从首席财务官到入门级会计文员等多个级别，各级别的工作复杂程度和技能要求不同。在设计和构建这个岗位及奖励层级架构时，员工们普遍希望能逐级获得稳定且可预期的晋升，也能跨岗位种类获得稳定且可预期的发展。按照这种制度，员工是岗位负责人，而工作就是岗位。**但新工作机制的基础是解构的技能与工作任务之间的“多对多”关系。**技能可以与零工、任务、传统的岗位等多种工作开展方式相匹配。下面回顾一下在新工作机制下开展工作的 3 种人才方案：

1. 有固定岗位的全职员工。这类人才或许有固定的工作量，适合于固定岗位。他们也可能拥有独特或门槛高的技能，所以公司有充分的理由为他们提供固定的全职任务。

2. 根据任务或项目流动的人才。这类人才之所以流动，可能是因为公司的部分工作流程在短期内对他们的能力存在巨大的需求（如自由职业者或基于项目的数据科学家，他们会根据需求在市场营销、人力资源和运营等项目之间流动）。

3. 扮演多个角色的混合型人才。他们因为工作量或技能而拥有固定的岗位，但也可以根据需求流向特定的挑战性工作（这类角色通常来自内部人才市场，正式的岗位负责人会通过这一平台来额外承担项目工作）。

零售商采用了上述 3 种方案。例如，打包员就是有固定岗位的全职员工。各个渠道来的零工负责手提袋组装工作，而高级打包员则扮演多个角色，他们既从事高级打包员岗位的工作，也会在新零工上岗时承担培训零工的工作。此前，公司所有的工作都由传统岗位上的全职员工完成。而新工作机制要求公司重新分析员工的职业架构，建立新架构，并据此规划员工职业和技能发展路径（见图 4-2）。

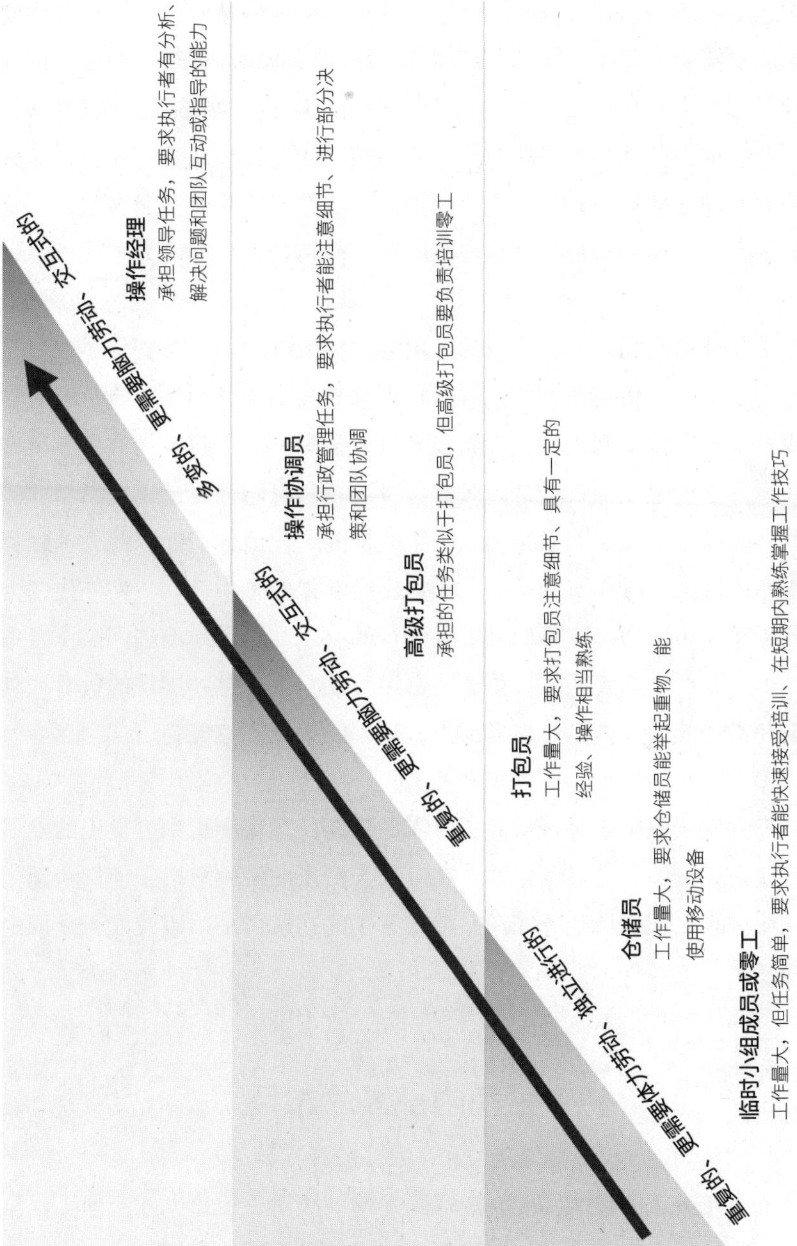

图 4-2　员工职业和技能发展路径

配送中心的员工职业发展路径依据的是解构后的技能，这一点与传统架构形成了鲜明的对比。按照传统架构，职业发展路径体现的是员工权利或经验的增加。从图 4-2 中可以看出，员工的职业发展路径是从重复的、独立进行的体力劳动向多变的、交互式的脑力劳动发展。重复的、独立进行的体力劳动包括按照时间表或说明书工作或搬运产品等。而多变的、交互式的脑力劳动则要求员工具备解决问题、分析和沟通的能力。

将重复性最高的、独立进行的、更需要体力劳动的任务交给零工来完成，这些零工随工作流动。零工可以根据自身技能或能力发展成全职的打包员或仓储员，接下来也可以发展成高级打包员。高级打包员的任务与打包员在很大程度上相似，只是高级打包员还要负责培训零工。这项培训任务要求高级打包员具备沟通技巧和一定的情商，此后他们能以此为基础晋升为操作协调员。操作协调员的工作需要交互式的脑力劳动，格外强调沟通、分析和决策能力。这条职业发展路径的终点就是操作经理。操作经理的工作是多变的、交互式的、更需要脑力劳动，要求这一岗位的负责人具有反馈和指导能力、批判性思考能力、计划能力及沟通能力。

员工的发展取决于是否培养了所需的技能，零售配送中心员工的发展路径比过去更透明、更具逻辑性。在过去，员工的发展取决于他们在岗位上的从业时间、绩效标准（如产品吞吐量）的达成情况，以及能否完成生产计划。

完善公司内部人才市场

将工作与员工的技能和能力进行匹配的做法对于促进人才流向工作至关重要，并且正在推动众多公司内部人才市场的发展。内部人才市场可以帮助全公司的人才以各种形式参与工作。按照传统模式，公司会根据员工的经验和专业技术将他们调往某个岗位。而在新模式下，内部人才市场会将个人的技能和能力与各种工作形式（包括项目、任务、全职和兼职等）相匹配。思科“一家公司，多种职业”的方法就是很好的例子。这家公司分析了每位员工掌握的各种技能，不管这些技能是不是员工完成“日常工作”所必需的。此后，思科在内部人才市场中提供这些信息，从而让员工可以根据自身兴趣找到短期的“挑战性任务”或长期的岗位轮换性任务。

根据解构后的技能和工作任务建立劳动力市场是一项非常艰巨的工作，但人工智能可以提供帮助。例如，Empath 公司使用机器学习算法和网页抓取能力来推断执行各种任务所必需的技能，也使用人工智能分析公司人才管理系统的数据，推断员工们掌握的技能。Empath 的人才管理系统会显示每位员工已被测评过的技能。此后，人工智能会根据“相邻技能”模型来推断员工们在“相邻领域”具备哪些未被测评过的技能。接下来，人工智能会综合所推断出的任务要求和员工能力，分析存在哪些缺口。针对我们的这家零售商，Empath 公司可以推断每位打包员的技能及重塑后这一角色所要求的技能，再分析这些技能之间存在哪些缺口。

最初就零工进行尝试时，零售商的零工系统仅针对内部零工，即只有这家公司的内部员工可以参与。通常情况下，员工会有一个传统的全职岗位，在全职岗位允许的情况下，以内部零工的形式参与内部人才市场。零售配送中心的例子正是如此。这种内部人才市场是帮助公司逐步解构工作非常重要且有用的一步。

新工作机制立足于通过解构来真正地了解工作，也同样要求公司突破岗位或岗位负责人这些名称来真正了解员工。从定义上来看，新工作机制将员工视为技能的载体，这种观点是独一无二的。组织由此可以将工作与员工的技能和能力进行匹配，在人才招聘方面做出客观的、不偏不倚的决策。

对零售商案例的分析展示了新工作机制所要求的技能如何被定义和组织成职业发展路径。这种立足于技能的架构对于建立允许人才流向工作的内部人才市场同样至关重要。

现在，我们已经探讨了如何将员工视为拥有解构后的技能的、完整的人，并将工作与员工的技能和能力进行最佳匹配。接下来，我们将探讨如何维护并持续地改造新工作机制。

WORK WITHOUT JOBS

建立人工智能时代的新工作机制

- 新工作机制的基础是，技能与工作任务之间的“多对多”关系。
- 在新工作机制中，员工被视为技能的载体，而非学位持有者或岗位负责人。
- 要建立新工作机制，就需要使用技术类通用语言来描述对员工和工作的要求。
- 如果一个公司没有设置通用语言，就无法借助外部人才提升组织效率。
- 只有明确员工未来所需的技能，才能使人才的职业发展道路更透明。

WORK WITHOUT JOBS

第 5 章

对新工作机制的持续优化:打造以人为本的工作

WORK
WITHOUT JOBS

构建以人为本的组织，
重点是让组织适应人才，
而不是让人才适应组织。

新工作机制可能会带来哪些影响？在对这些影响进行整合后，我们所拥有的工作体系将能持续地重构解构后的工作元素、员工技能或能力、替代性工作形式和自动化技术等的组合。

埃森哲的研究报告发现，首席执行官们把提高敏捷性作为应优先关注的 3 项业务之一。这份报告称，为了在这个飞速变化的世界里保持竞争力，“人力资源职能将会从根本上进行自我改造，成为提高敏捷性最重要的力量。为此，人力资源职能将会创造新的组织形式，这种组织形式将会围绕高度灵活且反应迅速的人才设计”。除了提高敏捷性之外，人力资源职能必须帮助组织领导者、员工和人力资源系统做好准备，融入这个能让工作持续更新的新世界。知名劳动经济学家和自动化未来学家都支持工作解构的概念。例如，《美国科学院院报》（*PNAS*）上发表的一篇文章指出：“提高劳动力模型在任务和技能上的明确性，将进一步成为劳动力发展趋势，改善人工智能对自动化技术的预测结果。”

这些建议都基于一些类似于前文所提议的新工作机制的假设。只有建立了能大规模地持续解构和重构工作及员工的工作机制，那些假设才有可能变为现实。这句话听起来让人望而却步，但事实上，在使用 iPhone 这类常见产品时，我们就已经在很好地运用这类系统了。

《必然》(*The Inevitable*）一书的作者《连线》杂志联合创始人凯文·凯利（Kevin Kelly），在他的书中介绍了12种颠覆性的科技力量，其中一种是“变化”(becoming)。他认为，在这种力量的作用下，产品、服务和关系在持续地被淘汰和升级。以iPhone为例，每当新款iPhone上市，新产品立刻成为市场上最受欢迎的手机，而老款手机的价格会急剧下降。这股“变化”的趋势意味着苹果的组织和人才部门必须变得更加敏捷。

iPhone是持续升级的典型。持续升级的现象太过普遍，大家可能都对此习以为常。在10年前，谁能想到现在的手机是什么样的？小小的渐进式升级最终带来了大变化，例如，云存储、应用开发者社区、集成检索、高速度、人工智能，以及出色的硬件质量和可靠性等。

这种渐进式升级带来的巨大改变随处可见。几乎所有的技术都在背后默默地升级。如果太久不升级，一些科技产品就无法再工作。在升级某项技术（如手机操作系统）时，我们也必须升级相关软件（手机上的应用）。最终，为了跟上升级的步伐，我们要用新技术替代旧技术。例如，iPhone手机从iPhone7起就没有耳机插孔，于是无线耳机必须替代有线耳机。凯利观察发现，这种情况会让人伤心和烦躁。或许有一部分人的确喜欢使用有线耳机，但作为消费者，我们很难注意到自己早已适应了持续的技术升级。

员工和领导者只有淘汰旧的工作习惯和工作流程，才能体会渐进式升级带来的巨大差异。技术使用者们逐渐学会了接受那些既让人烦躁又令人兴奋的持续升级，所以组织领导者和员工也必须学会接受工作和工作形式的持续升级。这就要求组织建立新工作机制，打破传统观点的禁锢。按照传统观点，工作就是岗位，员工就是岗位负责人，而任职资格就是文凭学位。

20 世纪 90 年代，固定电话（座机）的通话质量很稳定，而且几十年来一直没有什么变化。这听起来很像那些好工作，几十年来不管是工作本身还是收入都很稳定。如果 iPhone 在 20 世纪 90 年代出现，那么很多人可能会对它很抗拒，认为要使用 iPhone 就必须依靠大量的应用开发者，而且计算能力和存储能力也必须大幅提高。就算现在，有些人依然不愿接受持续升级的工作，因为这些工作要求有一个庞大的连接工作提供者、员工、平台、强大的云计算能力、存储、人工智能和其他众多方面的社区。但不妨这样想：你愿意再回到使用固定电话的日子吗？升级从来不是完美的，但整个生态系统在发展变化，框架在优化，人类和人工智能辅助也在优化。工作也会有类似的发展趋势，而且这种趋势是必然的。

我们的组织里可能早已经有迹象显示，工作升级后正在变成新事物。持续升级的工作意味着，每一天，工作的自动化程度会稍微高一点，员工的来源会稍微广一点，奖励的时效性会略微强一点，非货币奖励会稍微多一点，学习会略微多地采用虚拟方式并由社区牵头。

就算 iPhone 出现了十多年，也极少有人会使用它的所有功能。同样，工作的各个特征在未来不一定都会升级，但随着系统对持续升级的工作的支持越来越强，我们可以看到要如何解决棘手的问题，例如，在无法预测未来的时候如何吸引人才，如何调整下岗员工，以及如何做到“工作即服务”。

敏捷工作令人却步，这一点是可以理解的，而且这条道路并不是完美的。但当我们回看过去移动电话技术如何通过持续升级来获得量级发展时，也就不难想象敏捷工作的发展了。渐进式升级让当今的很多人成为iPhone的用户，渐进式升级也将带来未来的工作。

新工作机制要求组织领导者、员工、政策制定者和人力资源专业人士做好准备，为持续升级而激动、烦恼。

新工作机制的维护

传统工作机制立足于相对稳定的岗位和岗位负责人，因此工作和员工相对而言不会经常升级。岗位和岗位要求肯定会逐渐发展改变，但传统工作机制认为岗位和等级体系确定之后就会保持下去，公司可以在这个稳定的基础之上建立工作机制。

新工作机制会提供充裕的机会，但这些也是一种挑战。这种机制的基础是对工作和员工元素的解构与分析，而这些元素会频繁地、持续地进行重构，以应对新的挑战。员工们开始利用解构后的工作元素、内部零工项目甚至外部副业等持续地重塑他们的工作。

在工作不断发展变化的过程中如何维护新工作机制呢？这就是挑战。不断修改岗位职责描述来紧跟工作变化的脚步吗？这并不是答案。建立在岗位基础上的机制是无法紧跟变化脚步的。**要维护新工作机制，我们就必须通过充足的协调和整合来保证它的运行和演变。**

公司要执行和维护新工作机制，必须解决5个核心元素：

1. 流程（活动和工作流程）。

2. 文化（协作、行为标准等）。

3. 人才（技巧和能力等）。

4. 架构（工作的组织）。

5. 规模化的技术（自动化技术、赋能技术、信息系统等）。

以上每个元素的基础及各个方面最必不可少的元素是领导力。新工作机制的动力来自有针对性的、有远见的、协作性的领导力，以及协调多种工作形式的能力。我们将在下一章节中进一步探讨这一点。

维护零售配送中心的新工作机制

在传统的运营模式下，前文提到的零售商只能使用基于岗位的传统工作机制来处理配送中心遇到的各种挑战。它可以将薪资福利与岗位挂钩，而人力资源职能的工作重心只是岗位负责人和他们的需求。但我们也已经了解，基于岗位的工作机制无法帮助零售商应对所面临的变化，也无法帮助它抓住自动化技术和替代性工作形式所带来的机会。这就意味着零售商必须对工作进行解构，允许配送中心和零售门店的正式员工及外部零工以零工的形式参与配送中心的工作。多种类型员工的流动解决了配送中心的众多难题，但也意味着零售商要在这 3 种类型的员工之间持续不断地重新分配和重构工作。因此零售商必须建立一套体系，以在必要时持续不断地监测、评估和调整新工作的重构。

我们现在要重点看看零售商制订的一份管理和吸引内部零工的工作计划。内部零工都是门店员工，他们会以零工的形式参与配送中心的任务

（见图 5-1）。我们先根据这些任务的执行时间框架将它们分为短期、中期和长期等类型。接着，我们根据最适用于每项任务的5个核心元素（流程、文化、人才、架构和技术）之一对任务进行分类。最后，我们根据每项任务的预期价值和必要的潜在付出量对任务进行分类。

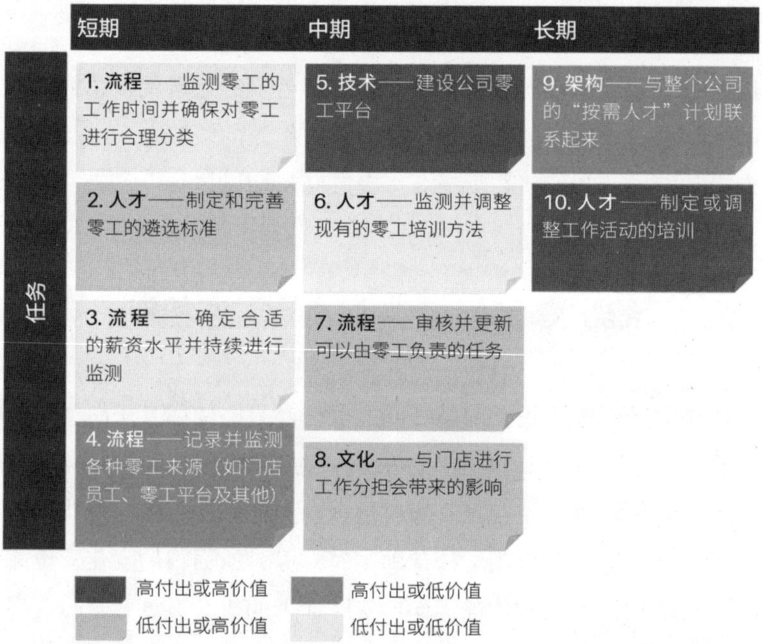

图 5-1　配送中心的任务类型及零工使用情况

我们来具体分析其中的部分任务。

6 个月以下的短期任务

任务 1 涉及监测零工的工作时间，确保合规运营，并防止因为错误分类而导致门店员工得到不公平的对待。零售商已经设计了内部零工平台的匹配算法，可以具体分析并避免这类问题的出现，但随着零售商从经验中吸取教训，需要对算法的性能和管理决策持续地评估和改进。

任务 2 是制定和完善零工的遴选标准。在为传统岗位挑选人才时，零售商通常会评估应聘者是否与公司的整体文化相契合，以及是否拥有岗位所要求的技能等因素。选择零工时，零售商看重的是他们执行特定任务的能力，看他们能否有效地与同事合作完成短期的任务。零售商因为在综合安排短期零工和配送中心正式员工方面缺乏经验，所以他们要根据遴选标准的实施效果来对标准进行评估和修改。

任务 3 是确定和监测薪资水平。正如我们在第 3 章所讨论的，员工薪资通常与岗位挂钩，体现了变化相对缓慢的各岗位要求的技能和市场因素。相比之下，零工的薪资更为短期化，制定标准侧重于具体的任务完成绩效和相关技能。员工薪资标准或许可以每年制定一次，但内部零工的薪资可能需要每周或每日制定，且具体薪资取决于内部零工的可用情况和外部零工完成这项任务的市场价格。零售商需要制定始终一致的透明流程，以确定和调整零工的薪资，确保零工与正式岗位的薪资标准一致，并让员工们了解这一点。再次重申，零售商刚涉足零工领域，要总结经验教训，不断地监测和改善薪资待遇。

6～12 个月的中期任务

任务 5 涉及持续的技术开发、扩展和改进，旨在将零售商内部零工平台的技术应用到整个公司。这个内部零工平台最初只用于将门店员工调配到仓库工作。零售商的最终目标是让整个工作体系内的人才可以根据工作流动，并将这一模式作为公司的核心功能，从配送中心的试点扩展到更广泛的业务范围。

任务 7 涉及持续分析配送中心的所有工作，寻找使用零工的新机会。例如，这意味着对仓库员工的岗位进行解构，寻找岗位的哪些任务可以分配给零工完成。这会是一个持续的过程，因为零售商将会更了解零工们的能力，也会更了解仓库内其他固定岗位的员工对零工的接受度。

任务 8 涉及持续提高门店经理对门店和仓库之间进行工作分担的理解度和支持度。这一点意味着来自不同业务领域的人才要建立截然不同的工作关系，这种人才共享对公司的整体文化也会有一定的影响。

超过 12 个月的长期任务

任务 9 涉及为整个公司建立和提供工具，为其他业务部门和职能部门提供解构工作所需的工具，并且创建必要的流程和架构，让内部和外部人才都能有序地流向工作。配送中心的经验可以让整个公司了解“按需人才”计划。例如，零售商怎样才能推广配送中心在利用零工方面的经验，从而为人力资源和财务等职能部门提供支持。

重新设计零工福利，提高组织包容性和运营效能

随着零售商对非雇员的使用量增加，工作人员的参与度出现了越来越大的差异。外部零工的工作参与度低于在配送中心兼职的门店员工。回顾一下，前文提到过，零售商最初通过管理服务提供商为配送中心招募自由职业者。为了降低成本和提高人员的可用性，零售商后来修改了内部平

台，以同时招募外部零工和希望增加班次的内部门店员工。

随着时间的推移，零售商发现，外部零工的工作稳定性远不及正式员工，他们的工作参与度也远低于在公司内部兼职的门店员工。例如，外部零工的流失率和缺勤率比内部员工高得多，最终导致可用的打包人员来源减少。进一步的分析显示，出现这种情况的原因是零工们的经济保障较低，身体和心理健康状况也较差。由于外部零工并未被纳入公司为正式员工提供的福利体系中，所以他们不得不自谋生路。

这家零售商的领导者认为，这种情况不仅是个实实在在的运营问题，会导致劳动力短缺，而且也与公司所坚持的社区责任价值观不符。这种情况必须改变。为此，零售商设计了一个灵活账户，根据零工的时薪往这个账户里额外存入一定金额（例如，员工每挣 1 美元，公司就往账户里存入 10 美分）。外部零工可以用这笔资金缴纳退休储蓄、医疗保险和保险免赔额，或者参加新技能培训。由此零售商对外部零工的吸引力大增，从而引来更多且更可靠的人才流。这种改变虽然提高了外部零工的成本，但也提升了长期的可持续性和盈利能力。

新工作机制是以人为本文化的基础

受新冠疫情的影响，众多员工和公司采取了虚拟工作的方式。诸多因素促使组织重新思考工作形式，也开始反思他们和各类员工（正式员工、合同工和退休员工等）之间的关系。如何更好地保障员工的福利呢？答案之一是提高工作灵活性，允许员工采用更个性化的方式参与组织的工作。比较极端的一种方式是让每个员工选择工作地点、工作时间、工作方式，以及工作合同的条款和条件。

实行新工作机制的组织是以人为本的组织，让组织适应人才，而不是让人才适应组织。新兴的观点，包括“组织重塑”、“全体共治”和“人本主义”等，常会提及这种思想。显然，这种以人为本的方法要求先通过解构来建立新工作机制这个基础。传统工作机制立足于岗位和岗位负责人，无法实现个性化，也远不够敏捷，不能响应组织和员工不断变化的需求和偏好。

全球制药公司以人为本的工作重构

一家全球制药公司充分展示了新工作机制的强大力量。甚至在2020年新冠疫情暴发之前，这家公司就已经采取弹性工作制，允许部分员工居家办公，并且推出了多元化和包容性的项目，以支持具有包容性的文化。但新冠疫情让我们看到，公司可以做更多工作，以建设更具弹性和公平性的工作场所。

让我们来详细讨论其中的部分变化，以及新工作机制会带来的持续发展。

上班时间和工作地点都是灵活的。这家公司过去在工作上的弹性相当有限，其中包括每月只允许员工居家办公3天，所有员工都在公司各园区上班，而且都必须在早上9点到下午5点间“在岗”。公司希望能提高工作的弹性，例如，对居家办公不设限，员工可以在美国任何一个地方上班，而且只要能每周工作40小时，并且达到生产率目标，就可以不用遵守上班时间安排。

新工作机制如何帮助公司实现这些愿望呢？针对在不同地点做同样工

作的员工，公司要如何保证薪资的公平性呢？答案是根据技能的市场价值来确定薪资，并根据不同地区的实际生活成本调整薪资。根据技能的市场价值而非岗位来确定薪资，由此公司可以采用“个性化”薪资管理办法，发现并认可独特的技能组合。这些技能组合通常因被套在单一岗位的框架内而无法被发现，或者因不适合任何既有的岗位职责表述而无法存在。

扩大弹性工作制的覆盖范围，将实验和制造岗位纳入其中。在 2020 年之前，这家公司只有白领岗位可以享受弹性工作制（例如，可以选择在生活地点办公、居家办公或本地办事处办公，以及与其他地方的同事分担工作等）。公司希望能扩大弹性工作制的覆盖范围，将实验和制造岗位也纳入其中，例如，员工们可以选择在自己生活的城市工作，实验室的员工可以在租赁来的地方大学实验机构里开展工作，而制造岗位的员工可以通过兼职的方式与同事分担班次和工作。新工作机制帮助公司在提供这种弹性工作制的同时保持制造岗位的生产率。公司在任务层面采用了一种算法，这种算法可以整合生产要求和员工对弹性工作安排的要求，计算每位员工的最佳工作时间安排，并向主管推荐是否批准、修改或拒绝员工的要求。

弹性工作安排为员工提供了更多选择，而且安排也并非固定不变。按照过去的工作机制，员工与公司的关系仅限于全职员工、兼职员工或独立合同工，且这几种关系之间不能随时转换。这家公司希望能为员工提供更多选择（临时工、工作分担、自由职业、零工等），而且员工可以在与公司的各类关系中更加灵活地转换。例如，全职员工可以临时兼职，与他人共同分担一个岗位的工作，又或者退休人员可以在项目中担任零工，与公司签订固定期限的合同。这种更高的灵活性要求公司采用新的工作规划方法。它还要求从任务层面规划人才需求，并根据数据设定触发条件，预测工作安排是否需要改变。这种模拟建模预测了不同的潜在工作安排对组织绩效和生产率的影响。

建立包容性文化，打破组织边界。美国的社会正义运动促使这家公司开始反省自身文化，以及公司对所在社区的影响。公司对自身各个方面的传统做法进行了反思，从少数种族员工和应聘者及所在社区的边缘人群的视角来分析。这种弹性工作制能发挥什么样的积极作用呢？通过新工作机制，公司可以更好地吸引更多元化的技术人才，而这些人才本来在公司部分运营地并没有得到应有的机会。旧工作机制立足于稳定不变的岗位，而新的工作设计和安排方式都相当灵活，能更好地使用这些人才。这些多元化的新员工加入公司后，显然会带来其他变化，使公司变得更具包容性。这家公司开发了新的持续倾听流程，以确保公司的行为准则和价值观都能体现更多元化的员工群体的声音。它也承诺，会让所有员工随时随地都信守公司的价值观。

社会巨变带来了机会，但传统工作机制没有能力帮助公司抓住那些机会。而新工作机制能提供更好的平台，以帮助公司应对不断发展演变的生产力挑战和机会，并且持续对工作和组织加以调整，以应对外部环境、社会和监管方面日益严峻的问题。

计算新工作机制中的工作总成本

现在，公司在计算工作成本时必须聚焦于岗位的组成元素，将超出传统雇用关系的工作形式纳入其中。新工作机制同时也要求公司在工作成本中纳入替代或辅助人工的技术。这意味着公司要通过类似工作总成本（TCoW）的衡量指标来计算各类工作选项（如员工、零工、外包等）的成本。

工作总成本如图 5-2 所示，由总人工成本（如全职员工成本、自由职业者成本、人才平台成本和志愿者参与成本）、供应商成本（如外包成本、人工智能或机器人供应商成本），以及相关资本投资的年化资金成本（如公司所开发的人工智能或机器人的年度资本费用、其他资本化工作开展方案）组成。公司必须将所有工作选项放在一个可比较的基础上，这样分析才不会因为会计处理方式的差异（如人工成本记为开销，对机器人的投资记作资本）而出现偏差。公司应该用公司资金成本乘以在工作开展方案（如人工智能、机器人和联盟等）上的总资本投资，以计算使用这些工作开展方案的年化成本。

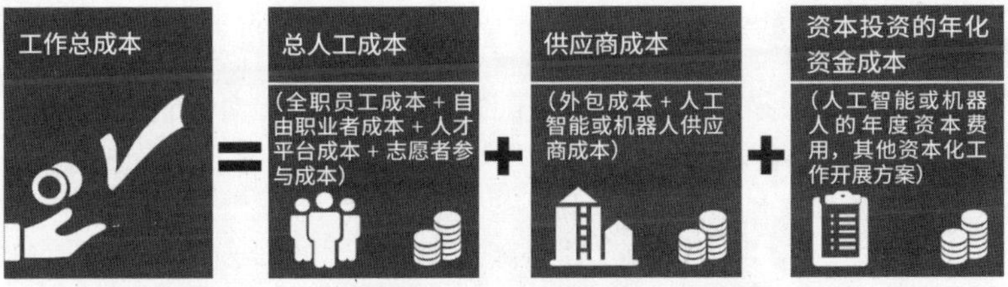

图 5-2　工作总成本

计算这些衡量指标的数据已经存在，但被不同职能部门掌握。例如，人力资源部门可能拥有员工数据，采购部门可能掌握了自由职业者和供应商数据，而公司战略部门可能有联盟的信息，财务部门则掌握了自动化的资本化信息。

公司不能因为对完美的追求而阻碍一些有用的衡量指标。我们的目标是量级和全面的视角，而不是精确度。

传统工作机制立足于传统的岗位和岗位负责人的任职资格，并且通常基于那些岗位将会保持稳定不变的假设，而目标就是让工作和员工符合岗位和岗位负责人的要求。回想一下，本文中那家零售商最初希望把技术和零工强塞进传统的岗位框架内，在管理非传统工作者时采用基于岗位的规划、遴选或寻找和奖励等基础设定。新工作机制的基础就是持续的重构。流程、文化、人才、架构和技术等核心因素都随着工作的变化而持续改变，两者都在维系当前的工作方式，同时也在工作被重构时灵活转变。

建立人工智能时代的新工作机制

- 人力资源能从根本上进行自我改造，成为推动提升组织敏捷性最重要的力量。
- 只有淘汰旧的工作习惯和工作流程，才能体会渐进式升级带来的巨大差异。
- 要维护新工作机制，我们就必须通过充足的协调和整合来保证它的运行和演变。
- 维护新工作机制，必须具备流程、文化、人才、架构和规模化的科学技术这 5 大核心要素。
- 构建以人为本的组织，重点是让组织适应人才，而不是让人才适应组织。

WORK WITHOUT JOBS

第 6 章

新工作机制下的领导力：从建立权威到赋权于员工的转变

WORK
WITHOUT JOBS

只有把员工当作顾客，

组织才能在工作设计中取得持续成功。

人们担心组织领导者、经理和员工会对新工作机制感到困惑并进行抵制。例如，一位组织领导者在看过本书的早期草稿后说：

> 过去我有 4 个下属，他们被束缚在名为岗位的“盒子”里，直接向另一个“盒子”里的我汇报工作。我可以找他们之中的任何一个完成我们集体“盒子”里的工作。现在，新工作机制将打碎这些“盒子”，其他组织领导者可以通过我的下属解构后的技能看到他们，也可以安排他们完成解构后的任务或项目。当其他组织领导者有任务，而我某个下属的能力正好与任务匹配时，我们该如何协调任务安排呢？我如何决定何时允许直接下属为他人执行任务？我要如何找合理的理由留住他们，并且不让他们看出我的意图呢？无论是同意还是拒绝其他组织领导者的要求，我要怎么考虑员工们的意愿呢？

还有观点认为，“要将工作迭代重构成新角色和新项目，领导层必须坚持不断地调整工作重点，并且乐于解散再重组团队。目前，组织领导者只需告知团队成员新的工作优先级，因为团队成员都直接向他汇报，和他有一样的目标，这比较容易。但如果这些团队成员都是临时的，只进行工作活动并展现自身能力，那么组织领导者要快速调整工作重点就存在一定难度，而且可能要同其他组织领导者进行谈判，以争取对方的团队成员。”

这些难题或许有多种解决方法，例如：

1. 让组织领导者通过个人谈判来进行人才交易。
2. 让员工们自行评估工作的吸引力和发展价值，然后据此选择工作。
3. 根据转让价格或人才价值建立一个经济优化的市场，例如，咨询项目负责人，谁能开出最高的价格，谁就获得人才。
4. 让算法优化工作量（就像现在的自动化日历软件可以优化会议时间一样），再向员工们公平分配任务（所以当员工上班时，会有算法设定的任务时间安排表，而且时间安排表会根据新的优化工作量方案每天或每小时发生改变）。

毫无疑问，组织会综合以上方法和其他多种方法来建立新工作机制。各组织的背景不同，建立新工作机制的方案也会相应地有所不同。对于建立新工作机制的问题，我们没法在本章中提供一个完整的答案，但将介绍问题和潜在的方案，也会阐述必要的学习和决策框架，来优化这些方案和方案组合。

借助敏捷创新框架来进行工作设计

约翰·布德罗和皮特·拉姆斯特德（Pete Ramstad）提出，**在设计未**

来的工作时，首要的原则应该是借助敏捷创新的框架。他们在 2021 年提出这一原则，当时已经有了新冠病毒疫苗。那时，众多组织通过优化“重返工作”来探索相关策略问题。它们的答案从“永远居家办公”“所有人必须在一个地方办公以进行协作”，到“每周居家办公 2 ～ 5 天，具体时间由个人与主管讨论决定”，不一而足。布德罗和拉姆斯特德指出，很多组织通过“公平对待”来寻求“公正”，要求所有人采用同样的工作形式，但这种做法似乎未能优化任何人的工作。

布德罗和拉姆斯特德进行这番观察分析时正值新冠疫情期间。但他们的观察分析也同样适用于组织和组织领导者所面临的难题和机会，因为工作模式正在向新工作机制转变。布德罗和拉姆斯特德指出，我们不是寻找某种一贯的策略，因为“我们无法预测未来的工作。但我们明白，大家都在持续不断地学习创新，并且已经重塑自身工作，以迎接疫情所带来的、无法预料的机会和挑战。没有哪条策略可以放诸四海皆准，我们的策略就是邀请大家通过敏捷创新和实验来设计工作，并为此做好准备。”现行的敏捷创新框架遵循了一定的原则，例如，实验、快速失败、从失败中学习、不要过早否决问题或创意，以及将对现状的挑战看作机遇等。这些框架包括一些实战型流程，如 Scrum（敏捷方法论中的一种重要框架）和黑客马拉松（编程比赛）。我们在第 1 章中探讨过基因泰克公司的案例，从案例中可以看出组织如何使用解构来制定更具包容性、公平性和灵活性的工作策略。

公司欢迎大家就工作提出新的不同意见，还有比这更具包容性的做法吗？员工们肯定是对工作最了解的，也是最看重工作的。让员工们能就自身工作的设计方式发表真实看法，这不是最能体现领导层的同理心、开放度和责任分担意识吗？

我们常常发现，如果选择组织领导者能接受的某种专业框架，然后从这个框架角度重新阐述问题，组织领导者就比较容易改变对工作、组织和人员的思考方式。因此，从敏捷创新的角度去改变工作设计方式就是重塑。组织可以先分析自身在哪些领域（如产品研发、市场营销和数字化转型等领域）已经有敏捷创新的框架，然后，使用这些框架来专心进行工作设计。

既有的敏捷创新中心为组织领导者提供了多种工具，帮助他们在保证不偏离整体目标的同时激发大量创意。它们为员工提供了提出尖锐问题、挑战公认智慧、倾听并将顾客声音变为新创意及高效试错的自由和机会。他们会为失败的创意庆祝，因为他们懂得这是寻找真正具有变革性创意的必经之路。新工作机制将同样的思路运用在工作设计上，所以也会实现最佳发展。

让我们再来看看一些公司的重返工作计划。有些公司的重返工作计划中包含这样的表述：“人力资源部门应帮助组织领导者处理员工们的投诉，清楚解释为什么在重返工作时公司系统会要求他们放弃部分弹性工作机会。”如果我们用敏捷创新的框架来翻译一下，那么这句话听起来颇像关于顾客投诉的过时观点：“客服人员应处理顾客投诉，解释清楚为什么公司产品或服务无法根据他们的需求做出改变。”现在，所有敏捷创新框架都包括重新思考顾客投诉，将顾客投诉作为创新的机会，并且相应地改变大家的文化和思维方式。这种方法也适用于处理员工对工作的怨辞。

新工作机制将会通过持续的解构和重构来提高工作设计的数量和频次。同任何持续改进流程一样，这一过程最终将产生效果各异的结果。挫败感和沮丧是不可避免的，甚至是值得出现的。但如果大家从传统工作机制的角度出发，认为此类挫败感和沮丧就是抱怨，那将会导致公司错失新工作机制的大部分潜力。就如将顾客建议视为投诉，也会导致公司错失借助顾客想法来改进产品的潜在机会一样。

当然，相比于产品或服务、制造流程和其他众多方面的设计而言，工作设计对于员工来说更为个人化。例如，某位员工或组织领导者的家或生活方式可能更适合于远程工作，那么他们在进行工作设计时可能没那么客观，但如果他们是负责新产品设计的敏捷创新团队成员，那么他们的客观性可能会更强一点。敏捷工作设计必须考虑多元化的员工观点和想法，以及部分过去没有太多机会表达强烈意见的员工、尚未展现出色业绩的新员工，甚至是尚未表达想法的未来员工等的建议。**事实上，组织在进行工作设计创新时，有望将当前和未来的员工当作顾客来对待。**

这是否意味着公司会出现混乱和动荡，所有人的工作都充满变数且需要经历彻底的重新设计呢？不是这样的。组织早已经有一定工具帮助大家寻找敏捷创新中哪个领域从战略角度来说最关键，并且确定哪些领域应该进行创新，哪些又不应该。比如，在对产品或服务设计进行创新时，公司会选择针对产品或服务某“受控”部分的特定功能进行实验，或者在试错成本较低的特定市场里进行实验。产品的其他部分或其他市场都保持稳定不变，这样公司在进行创新的同时还可以继续销售产品。但就算部分产品或服务不会参与积极的实验，它们仍然可以采用敏捷创新的部分元素，例如，收集和评估改进建议，并且利用分析学来寻找潜在的系统缺陷。

创新的最佳方法是进行系统性评估，查找在哪些领域里敏捷创新的收益大于成本。在创新过程中，随着经验的增加，敏捷创新的成本下降，这种成本收益比会相应地发生改变。工作设计的敏捷创新也是一样的情况。

人力资源部门可以牵头敏捷创新吗

同所有的敏捷创新一样，组织的最高领导者必须从根本上负全责。但敏捷创新通常由各业务或职能部门的组织领导者执行。在运营、产品开发和市场营销等领域进行敏捷创新时，财务、法务、IT 甚至人力资源等职能部门通常只是作为“业务合作伙伴”参与其中。

然而，工作存在于组织内的各个地方，所以敏捷创新的工作设计不能被简单地划在产品、制造、运营或研发等单一的领域内。应该由哪个职能或专业部门来牵头并推动工作设计中的敏捷创新呢？组织可以抓住这个机会，促使首席人力资源官和人力资源部门突破其作为业务部门辅助者和合作伙伴的传统角色。人力资源部门可以成为工作设计中敏捷实验和学习的枢纽。**人力资源部门的职能不是解释或执行策略及确保合规，而是负责整个组织在工作设计中的敏捷创新。**

人力资源部门将会开发敏捷工具和框架，与敏捷创新专家协作来修改既有的成功工具，并将它们应用到工作设计中。人力资源部门将牵头培训经理和员工在工作设计中应用敏捷设计工具，并对结果进行评估和监测。它还将收集从目标实验中学到的经验教训，并且负责针对整个组织的情况将这些经验教训进行整合和转化。人力资源部门也会开发框架和资源并不断改进，为工作设计中的敏捷创新系统提供支持，其中包括工作的定义、工作开展的地点和时间，以及如何创造工作价值并在组织、员工与社会之间进行分享。这就是“敏捷工作创新”，它将在人力资源部门的支持下在整个组织铺开。

咨询公司工作设计中的经验与挑战

新工作机制会让许多组织领导者联想到咨询公司。在咨询公司内，顾问在项目之间转换，随着项目的进展而跟着工作流动。那么咨询公司在实行新工作机制方面有哪些方法、问题和经验教训呢？咨询公司通常会采用以下两种方法中的一种：

第一种方法是安排某人全职负责项目从开始到结束，项目持续时间通常超过 6 个月。这种方法比较接近传统工作机制，而且所执行的任务是稳定且完整的。

第二种方法则是安排某人同时负责多个短期项目。例如，某 HR 顾问可能负责为甲公司设计新岗位架构，同时帮助乙公司设计绩效工资系统。下面列举了这两种方法的特征和差别，以帮助大家从公司针对新工作机制所采用的方法中学习有益经验。

项目人员配置或协调。在上述两种方法中，咨询公司都安排了专门的人事协调员，他们负责根据顾问的时间安排、技能和发展需求、客户所在位置及行业关注重点等因素决定在具体项目上安排哪些顾问负责。人事协调员负责确保根据客观因素来为项目分配人员，而不能只根据项目合作伙伴的主观偏好或其他可能违背整体背景和环境的因素来决定，必须考虑到现行项目和所有方面。

其他行业的公司也可以借鉴这种做法，安排专门的协调员，因为在新工作机制下，越来越多的人才会随着工作流动。如果按照传统工作机制的典型做法，将工作协调交由经理负责，那么会人为地制造众多障碍（例如，工作被按照岗位进行组织，通常无法充分发挥人才的能力，导致人才的流动性和生产力水平都受到影响）。

监管。在上述两种方法中，顾问通常被安排跟着合作方或经理工作，后者在一年或几年内负责前者的发展。顾问和经理基本上同属于某个业务部门或行业小组，但经理很少会在具体项目上与顾问进行合作。这种做法对于其他行业的公司来说也有借鉴意义。经理的工作重点是为下属提供辅导、宣传和支持，而不是监督和控制，这种做法可以大幅提高员工们的参与度。按照传统工作机制，经理的工作重点通常是对下属进行监督和控制。

绩效和发展反馈。上述两种方法反馈的本质和频次存在差异。如果咨询公司安排顾问全职负责长期项目，那么项目经理、其他顾问和客户团队成员在每个项目结束时会提供大量的反馈意见。如果咨询公司安排顾问同时负责多个短期项目，那么每个项目的首席顾问负责在项目结束时就顾问的绩效和发展提供反馈意见。但相比而言，这种反馈不及长期项目的反馈意见详细。通常情况下，公司每年会将收集的同行的反馈意见作为绩效评估的一部分，也会收集客户的反馈意见，并将这些意见加以整合，从而总结公司在多个项目上的总绩效。因此对于短期项目而言，同行或客户的反馈意见通常与助理顾问在特定项目上的表现关系不太密切。其他行业的公司也可以借鉴咨询公司的做法，直接根据工作情况来反馈意见和制订发展计划。在传统工作机制下，绩效管理流程通常是一种行政管理流程，它与薪资管理挂钩，而与工作的绩效脱钩。

薪资或奖励。上述两种方法在薪资或奖励方面也存在差异。当咨询公司安排员工从头至尾参与某个项目时，在目标达成的情况（如营收和计费工作时间）之外，员工的薪资（加薪、奖金和股权等）通常主要由项目反馈决定。但这种方式不适用于短期项目模式。某个助理顾问可能在某年里参与了众多短期项目，但他的薪资决策受项目反馈因素的影响不大，而主要由个人整体目标的达成情况决定。在长期项目模式下，薪资和工作绩效密切挂钩的做法可以被所有公司借鉴。

短期咨询项目采用的方法更能体现新工作机制中的各元素，因为新工作机制的基础就是解构后的工作元素。但长期和短期任务所采用的方法都为我们提供了可供参考的视角。我们从上文中可以知道，咨询公司通常也主要依靠以人为主体的优化体系，即通过项目协调员来管理和优化任务，再通过指定的经理或导师来负责各顾问的目标、发展、奖励和福利。

随着新工作机制的发展演变，这种体系会如何改变呢？

项目人员配置或协调。新工作机制认为，长期和短期任务所采用的方法都可能把项目解构为更细化的、彼此依赖的独立任务。同样，咨询顾问将被解构为更细化的特性和偏好组合。公司对协调员的依赖性将会降低。人工智能和机器学习将承担重复性更强、非认知性的匹配工作，并根据项目的任务和客户的特征来匹配解构后的顾问特性。协调员将会负责更高层次的工作，例如，与争夺同一顾问的多家客户经理进行谈判，以及为顾问的经理提供指导和咨询。

监管。顾问不再隶属于任何项目，公司也不会安排经理专职管理顾问。新工作机制将把监管责任交给各项目经理。自动化的工作平台将扮演现在的顾问经理的角色。平台将实时整合每位顾问在每个项目中的工作信息，为后续的项目经理提供各种信息，如顾问的优势、发展机会、兴趣点及其他。而人工智能将监测每位顾问的绩效和发展，为他们推荐其他的职业发展道路，并根据顾问的兴趣和需求推荐各种技能培训。人力项目经理此后的工作重心将是在项目执行过程中直接为顾问提供辅导和指导。

绩效和发展反馈。反馈的频次将增加，但所耗时间会减少。不管是长期项目还是短期项目，顾问在参与项目的过程中常常会收到“小模块”的反馈。人工智能会把这些“小模块”反馈整合成更为全面的项目考核报告，提示同事和顾问修改反馈意见。

薪资或奖励。过去，公司通常在每年年末对员工薪资进行一次评估，而评估通常与个人项目绩效或成果没有太大关联。但在新工作机制下，薪资将与项目任务的绩效挂钩。在每个项目完成后，公司将支付和调整奖励，而支付和调整所依据的是项目绩效、员工所掌握的技能是否满足了客户的需求，或者是他们所掌握的技能能否在未来的项目绩效上发挥重要作用。公司不再每年发放一次奖金，而改为在每个项目结束时发放。年薪的增长和股权的发放将取决于员工在这一年里所掌握的技能，以及这些技能能否发挥重要作用，满足未来的客户需求。

公司在新工作机制下建立咨询公司模式后，常常会遇到以下挑战：

1. 如何帮助经理解构角色和发布任务，而不是设置新岗位并招聘新人?
2. 经理在项目组织和工作质量监督等方面应具备哪些能力?
3. 如何让员工在平台上发布自身的技能?
4. 如何确保平台传递的是正确的信息（如对工作的深刻理解、需要的技能），而不是一种干扰（如让经理和人才分心）?
5. 如何提高员工对平台或机制的信任度?

用人工智能为民主化的工作赋权

市面上已经有太多文字探讨人工智能在改变工作协调方式和提升员工绩效方面的巨大影响力。亚马逊公司设计了专利手环，它可以引导仓库员工的动作，通过震动来提醒他们提高效率。IBM 公司则利用某专利技术通过传感器来监测员工。传感器可以追踪员工的瞳孔放大和面部表情，然后使用员工的睡眠数据和会议时间安排来部署无人机为员工分发含咖啡因的饮料，这样员工就可以连续工作，而无须喝咖啡休息。

这听起来就像是加强版泰勒主义中最糟糕的那一面，也是一种带有剥削性和侵入性的工作处理方式。当然，这其中还有众多风险有待我们认真思考。但人工智能是一种至关重要的赋能技术，可以帮助我们实现新工作机制的所有美好前景。使用人工智能并不一定意味着剥削员工。CHREATE 为此造了一个词，即“民主化”工作。在这个项目中，人力资源部门的组织领导者对未来的工作和人力资源管理进行了展望。“民主化”工作包括更多元化，也更具包容性的各种工作形式和人才来源。我们在前文中已经探讨过这些问题。但正是“民主化”这个词让我们看到，新工作机制及其支持技术将扩散开来，促使新工作机制的信息和决策框架变得更加透明。员工、组织领导者、策略制定者和其他人将能够在解构后的更细化的层面上对工作有更全面的了解和把握。公司将由此大幅提高对员工的赋权。

在第 1 章中，我们探讨了人工智能如何快速解构岗位和流程，发现潜在的任务和活动。我们也介绍了如何利用人工智能来持续分析工作，确定人工和自动化技术的最佳组合方式，以及人员参与特定任务的理想方式。在第 3 章和第 4 章中，我们探讨了在人工智能助力下的内部人才市场，这一市场能够无缝匹配组织内人才的所有技能与经理发布的各种任务和活动。**虽然工作可能会有各种形式和伪装，但在将技能或能力与工作进行“对多对”的匹配时，人工智能会发挥根本性的作用。**如果没有核心的人工智能技术，经理就只能受限于传统的角色，将员工和岗位进行匹配。

让我们通过联合利华的例子来看看如何运用人工智能发挥新工作机制的积极作用，并最大限度减少新工作机制潜在的副作用。

联合利华公司，重新定义新工作机制中的领导力

联合利华公司设定了“目标驱动”的目标，并借此重新定义了新工作机制中的领导力。这家公司原首席执行官保罗·波尔曼（Paul Polman）认为可持续性不仅是公司的义务，也是公司获得发展和增长的必要元素。2010 年，波尔曼启动了“可持续生活发展计划”。这一计划旨在帮助 10 亿多人改善卫生和生活条件，减少联合利华公司的运营对环境的影响，并且在公司下属工厂中促进性别平等。

对波尔曼而言，推行这一计划的原因非常明了：只有人们安居乐业，企业才能繁荣发展。保护人类和环境就是在保护企业的未来。联合利华不再只是设立一个独立的企业社会责任部门，而是将企业的社会责任作为公司运营的核心，采取了减少包装、把企业废水减半、向偏远社区免费发放卫生保健产品等一系列行动。这家公司前首席执行官乔安路（Alan Jope）和前首席人力资源官利娜·奈尔（Leena Nair）延续并进一步加快了可持续性生活发展。下文中我们将分析联合利华的案例，详细介绍它的未来工作框架。这一框架让员工个人的目标与工作的变化特性无缝对接，确保劳动力队伍与时俱进。联合利华公司的战略是“目标驱动，适应未来发展”。

该公司希望用行动证明，目标驱动的品牌、业务和人员能确保品牌拥有更深入、更真诚的社会和环境责任感，从而创造更良性的金融和社会影响。

联合利华公司的责任是培养和保持员工的就业能力，以及提升公司自身的能力。它围绕着这两点建设自己的工作机制，致力于通过图 6-1 所示的“未来工作框架”来实现。这一框架包括加大对终生学习和新雇用形式的投资，从而为联合利华公司的员工提供目标驱动、适应未来发展、符合社会契约且能体现持续变化的工作，同时帮助公司根据自身目标实现转型。

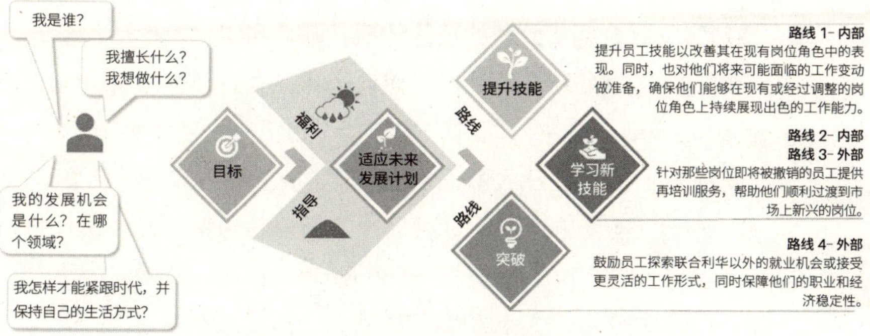

图 6-1　联合利华公司的未来工作框架

1. **激励员工终生学习。**联合利华公司将积极地确保所有员工都制订“适应未来发展的自我计划”，并有意识地针对公司内外部新角色培养员工未来的就业能力。员工必须从 4 个方案中选择一条或多条适合自己的未来发展道路，这些方案包括针对个人的角色变化来提升个人的能力、针对联合利华公司内部其他角色重新学习技能、针对公司外部的岗位重新学习技能，以及转向公司内部平台上的工作。

2. **与工会不再对立，而转为合作。**联合利华公司 80% 的部门都加入了工会，所以该框架可能会带来罢工、谈判和抗议，破坏公司目标驱动计划的进程。联合利华公司希望与员工和工会代表进行合作，提高大家的合作意识，推动对话，并且积极地共同制订员工计划。与工会合作能确保双方成为合作伙伴，共同支持全体员工紧跟世界变化的脚步，而不受员工在联合利华公司工作时间长短的影响。这种关系完全有别于管理层和工会之间传统的关系。按照传统做法，管理层通常希望能最大限度提高灵活性，降低用工成本，而工会则希望能最大限度提高员工酬劳，保住员工的工作。

3. **重新定义联合利华公司的工作体系。**联合利华公司将开发组织内的新型雇用形式，让员工可以选择在固定和弹性雇用方式之间流动。这家公司的人才市场 Flex Experiences 平台（简称 Flex 平台）已经取得巨大成功。这个平台使用人工智能来快速匹配人员和项目机会，员工可以将少部分或大部分工作时间都放在项目上，加深他们既有的技能，或通过灵活的方法来培养新技能和获取新体验。在新冠疫情期间，业务敏捷性成了业务持续性中至关重要的影响因素，Flex 平台也就自然而然地形成了。联合利华公司的市场营销计划、供应链、物流和产品制造等业务都必须快速地响应消费者不断变化的需求和期望。这也意味着公司要将信息和分析结果传递到一线，以帮助团队响应新冠病毒传播所带来的各种变化。例如，公司希望分析销售、现金和供应链的内部数据，再将这些数据与感染率和消费者行为变化等外部因素进行对比。为此，公司开始使用 Flex 平台，针对人才（包括数据科学家、业务分析师、项目经理和用户体验设计师等）的各种技能组、经验、新冠疫情信息和统计数据等建立矩阵。Flex 平台帮助公司利用各种所需技能来快速应对挑战。在这个过程中，如果能将员工们的技能与解构后的工作进行匹配，那么效率和效力也自然能得到保证。英国目前也正在进行类似项目的试运行，以“汇聚”人员，便于和其他组织共享。

联合利华公司的工作机制有 3 个特点值得我们特别注意。

第一点，联合利华公司的新工作机制要求员工们从被告知参加何种培训变为利用新机制来了解自身工作将如何改变，选择何时以及如何响应这些变化，从而规划自身的发展道路。发展道路包括针对当前重构后的岗位提升自身技能，当没有新岗位时学习新技能，为公司内外部的新兴角色做准备，以及培养具有竞争力的技能来迎接替代性工作形式，而公司会在一定程度上为员工们提供财务保障。必须再次指出，联合利华公司不仅针对其他地方存在的岗位机会来帮助员工重新学习技能，还利用自身的关系网支持员工的安置。整个机制的前提是岗位和技能的解构，从而使员工们和组织可以了解各种任务正在发生的变化及变化对他们技能的影响。

第二点，联合利华公司的新工作机制要求领导者必须彻底改变思维模式，在工作中采用敏捷方法，打破传统的组织架构和角色，例如，使用 Flex 平台来跟踪新兴的挑战，而不是试图雇用员工来填补全职岗位。对此，我们将在下文中进行更详细的探讨。公司也必须建立相应的流程，如薪资、预算和绩效评估流程等，以保证机制的运行。这些流程必须与新工作方法保持一致，并能支持新的工作方法。

第三点，新工作机制立足于个体，尤其关注个体的目标和志向，再以此为基础制订整体计划，确保个体能持续获得福利和发展。新工作机制会制订适应未来发展的计划，确保大家能紧跟时代步伐。每个个体由此也能有上文中所提到的 4 种方案可选。

管理岗转型：持续重塑工作，实时谈判

在本书前文中，我们曾经提到过“工作重塑”这个概念。就算是在岗位固定的传统工作机制下，员工们也会在自身的工作任务、关系及对工作意义的认识上拥有一定的自行决定权。有证据显示，岗位重塑可以让员工缓解工作压力，提高工作的挑战性，从而提升他们的敬业度。虽然这些方法通常被称为工作重塑，但事实上它们都始终依靠对工作元素进行解构，以了解和定义岗位负责人要重塑的工作内容和重塑的流程。

在员工们解构和重构自身工作以提高工作价值和激发潜能时，如何定义什么是“好工作”呢？“好工作”没有一个公认的定义，它的定义会随着员工们的特点和生活情况、组织的战略、工作本质和贡献及其他因素的不同而不同。比如，英国人力资源专业人士协会特许人事发展协会（CIPD）认为，英国工作质量指数与以下 6 个方面有关：

- 薪资和其他奖励。
- 工作的本质（变化性、自主性、任务同一性、重要性或目标、结果反馈等）。
- 聘用协议（合同类型、任期、保护措施等）。
- 安全卫生。
- 工作与生活的平衡。
- 代表和发声的权利。

新工作机制将加强工作重塑，因为通过内外部人才市场和自动化驱动的工作重新设计等载体，解构后的工作元素的流动性和可视性变得更强。此外，新冠疫情和其他干扰带来了持续的影响，其一就是给予员工对自己的工作进行重新设计的权力。通常，重构后的新工作能够提高生产率，促进个人发展，并改善员工福利。这意味着组织领导者、经理和员工会就工作和工作安排不断进行谈判。按照传统做法，这类谈判通常由组织和工会或其他员工集体进行。在旧工作机制下，这类谈判不常进行，而且通常可以带来稳定的岗位和工作分配。但在新工作机制下，这类谈判流程将更频繁，更个性化，也更分散。过去，员工依靠一群谈判者定期碰面来商讨合同。而新工作机制则要求经理和员工实时进行谈判。这意味着组织必须为一线经理和员工提供工具来完成谈判，尽可能地减少不必要的争吵，争取双赢结果最大化。

要实现这些目标，组织有众多工具和框架可用。例如，长期被大家使用且证据充足的一个框架就是“双赢”协商法。这个框架包括以下元素：

- 准备和估计 BATNA（自己和对方的“谈判协议的最佳替代方案”；了解己方和对方在所阐述的需求之外还存在哪些利益点）。
- 进行价值创造，而不要急于承诺（各方应该宣布一段时间来进行“创造，而不是承诺”，提出“如果……怎么办”的方案，争取发现符合双方利益的新利益点和机会）。
- 价值分配（确定分配的标准，明确各方根据什么合理的理由来“公平地”分配所创造的价值，避免从单一角度进行讨价还价）。
- 跟进（分析未来会遇到的挑战、解决方案，以及哪些方面可能会出现冲突、模棱两可和不确定的因素；明确如何监督各方履行承诺、解决冲突和混淆、按照承诺给予奖励，以及帮助其他履行协议的人）。

组织应该为所有经理和员工提供这类工具，并鼓励他们使用这些工具制定关于工作解构和重构的方案及工作开展方案。在新工作机制下，管理和领导的成功与否通常取决于组织是否拥有更多且更分散的谈判者。采用一刀切的宽泛策略和不定期的正式合同谈判将不再有效。

新工作机制的成功在很大程度上取决于员工和经理的能力，因为他们会就工作解构和重构进行实时谈判。

从注重等级转向注重工作成果

乔纳森·唐纳（Jonathan Donner）在 2009—2016 年担任联合利华全球学习和能力发展副总裁，也曾在联合国世界粮食计划署能力发展处担任战略顾问和负责人，并在亚马逊公司担任高管发展总监。他目前为众多公司就未来的领导力和组织能力提供咨询服务。唐纳和约翰·布德罗在《斯隆管理评论》上介绍了新工作机制中的领导力。

新工作机制将要求组织领导者彻底改变思维模式和行为。经理必须从如何完成任务和项目的角度来思考，而不是思考如何组织岗位。组织领导者或经理必须擅长协调各种资源来执行那些任务，这些资源有人力也有非人力，有员工也有非员工。此外，随着人才有更大的自主权选择最理想的项目和项目领导者，经理和员工之间的关系也变得越来越扁平化。

新工作机制将要求经理和组织领导者掌握新的领导力和管理能力，这些能力也因为“级别”或角色的不同而不同。公司级别的领导者将为整个公司设定整体愿景，设定要求完成的任务并确定轻重缓急，明确标准、目标、条件、辅助系统和资源。公司级别的领导层要为整个公司的组织领导者和经理提供支持，后者将发展成围绕任务来进行组织和优化的项目领导者。

在新工作机制下，组织的文化和运营将把任务成果当作重中之重，由此组织在进行战略决策和判断时会思考如何将员工和自动化技术进行最佳组合，并且以最好的方式来组合和灵活利用这些资源。

当然，领导力始终意味着要为组织成员创造条件，帮助他们做出最大的贡献，但新工作机制从根本上改变了其中的方法。按未来的工作机制，组织不再设立固定岗位，而未来的组织领导者和经理必须掌握以下能力和方法。

从了解数字化技术到精通数字化技术。在新工作机制下，组织要对工作进行解构和重构，并且将员工和自动化技术进行组合，组织领导者必须不断预测科技和自动化技术如何影响工作。这意味着组织领导者要不断地均衡新的创新、可行性与实用性，并且向员工解释员工和自动化技术的新组合方式。关于自动化技术是取代、辅助，还是重构员工工作的决策，组织领导者需要在任务或项目层面不断地做出，而且决策必须反映组织领导者对技术能力的最新理解。

从执行流程到指导项目。组织将拥有大量持续进行且不断发展的项目，而不是众多定好的、有组织的流程。经理将不断地在组织内外寻找人才，并根据所需的技能来快速组建团队。知识工作者将借助技术更多地通过虚拟方式参与项目，所以项目管理将越来越多地体现自动化技术、远距离协作和影响。在传统工作机制下，这类项目管理和协调可能根据甘特图来进行。但新工作机制要求组织领导者不断地进行实时协调。经理将不断运用敏捷团队所使用的工具。

从地位和权威到赋权和协调。在新工作机制下，组织不再有固定的岗位，员工不再被局限于传统的汇报架构内，以项目为基础的工作要求团队加强自我管理，因此层级制度和权威将变得不再重要。新工作机制是透明的，它会不断更新各种可供员工选择的工作方案，让更多人看到工作机会。员工将要求更多符合个人偏好的工作，并且寻求在项目间转换的自由。组织领导者需要制定强有力的框架，均衡员工的赋权和承担的责任，保证员工的工作具有连贯性且能体现更广泛的任务或使命。他们会判断何时且如何进行谈判，是要进行正式谈判还是非正式谈判，以及如何确保团队和个人在价值创造和分享的方法上保持一致。

在进行工作自动化时，思考角度从技术转变为人。工作自动化日渐要求组织打破岗位的限制，因为通常只有从任务和技能层面着手，才能找到工作自动化最佳方案。究竟是让自动化技术来取代、辅助员工，还是“重构”员工？我们将更频繁、更明显地在它们之间做出选择。“重构”员工是指利用技术赋予员工全新且更具价值的能力，而这些只有通过自动化技术才能实现。这类选择不再只是偶尔出现，也不再只是在讨论新机器人或人工智能系统时提及。组织领导者和团队将不断地做出一系列的选择。在选择任务是由员工还是机器或自动化技术完成时，组织领导者很可能会有一定的偏见，这个问题会变得越来越重要。组织领导者可能认为自动化技术效率更高，也具有更高的可预测性。但随着组织领导者在项目层面越来越多地做出这类选择，他们将需要对人在艺术创造力、文化视角和创新潜能方面的贡献有更细致的了解。

从偶尔关注多样性、公平性和包容性变为持续关注这些方面。传统工作机制立足于岗位，组织领导者倾向于偶尔考虑多样性、公平性和包容性的问题，且通常是在招聘或提拔人员时考虑。但这些方面都相当重要，而多样性、公平性和包容性的成功通常取决于持续的人际关系和互动。在打破岗位的局限后，新工作机制会直接关注这些持续的人际互动，更频繁地为组织提供机会去选择、分配、奖励和发展团队成员。这是因为任务、项目和团队成员都是流动的，在不断地得到重构。与基于岗位的传统工作机制相比，新工作机制可以为员工提供更多获得新的工作体验的机会，从而显著增强公司在多样性、公平性和包容性方面的工作。但如果组织存在偏见，那么频繁地选择、分配、奖励和发展团队成员可能导致组织做出更多有悖包容性的选择。组织领导者需要设定新流程来持续评估工作和薪资的分配是否公平。

树立高声誉的领导品牌

总的来说，打破岗位限制的工作机制的成功，将越来越多地依赖于组织领导者和经理能否以目标为导向来领导自己和其他人。这种改变的核心可以用一个问题来概括。这个问题由罗布·戈菲（Rob Goffee）和已故的加雷思·琼斯（Gareth Jones）提出，即“为什么大家要由你来领导”。员工有越来越多的自主权从平台选择工作，会参与多个团队并在多位组织领导者手下工作，这个问题也就变得更为重要。

在新工作机制中，工作会持续不断地被重塑，实时的领导和管理意味着组织要反思一些基本元素，如怎样吸引、留住、激励和雇用员工。人才在选择项目时不仅会看任务是否理想（我将会做什么），还会看组织领导者的“品牌”（组织领导者会如何领导我）。**为了能在新工作机制下持续成**

功地组建团队，组织领导者必须树立自己的领导品牌，建立良好的领导记录。他们的领导品牌和领导记录现在已经变得更为透明。这种情况早已出现，组织在内部人才市场上记录领导者或经理的管理质量。员工可以在平台上看到组织领导者在各项目上树立的领导品牌。组织领导者过去负责的项目留下什么影响？前团队成员对“你在同他们的合作中是否学到了很多东西”和“他们对创新和不同的工作与贡献风格是否保持弹性开放的态度”等问题的打分情况如何？这些问题尤其是打分情况，都能体现出组织领导者的品牌。在基于岗位的传统工作机制下，对这类问题的回答通常模棱两可且隐晦。新工作机制则会采用其他方式，如不断更新的组织领导者净推荐值（NPS）。以“你是否愿意向朋友或同事推荐我们”这个问题的答案为基础，计算出推荐者和批评者各自所占的百分比，将二者相减，所得数值就是净推荐值。净推荐值是评估顾客满意度的常用工具，所以新工作机制可以轻松地对组织领导者使用这一工具。那些不停参与工作的下属们会评价组织领导者，就像那些不断得到服务或产品体验的顾客们会表达对产品或服务的看法一样，并且下属们的评价在新工作机制下能得以明晰地显示。

组织领导者通过他们负责的项目的优秀记录来不断积累和夯实自己的声誉。相比过去，他们用于激情洋溢地介绍自己是谁和自己信奉什么样的准则的时间将大大减少。员工在职业发展道路上，任务或项目和角色都在快速发生变化，而且他们会连续地在新的项目经理手下工作，因此他们将会逐渐发现哪位组织领导者在追求任务成功之外还有更高的价值追求。打破岗位限制后，工作被逐渐细化，变化速度加快，组织领导者的目标就会像帆船的龙骨一样，就算风浪再大，也能让船只保持平稳，指引船只驶向目的地。如果某位组织领导者能向大家传递这种可持续的目标，那么他将最有可能吸引到必要的人才。

新工作机制打破了岗位和岗位负责人的限制，为未来的各种组织领导者和经理带来了最基本的机会和挑战。首席执行官、公司执行高管和组织领导者或经理的岗位也会被解构和重构吗？是的，这些岗位最终都会被解构和重构，但我们会把对这个问题的探讨留在下一本书中进行。目前最紧迫的问题是：新的工作世界将如何改变管理层的责任和工作的轻重缓急呢？

面对这种情况，很多事情依然会保持不变：执行层高管将仍然负责设定组织的战略愿景，并确定标准、目标、条件和资源。这些也将为职能组织领导者提供支持，后者将建立体系为中层领导者提供支持，中层领导者则负责明确组织目标的重要性，并将组织目标转化为本部门的战略目标。一线经理则继续根据那些战略目标设定流程和任务，并且明确这些流程和任务的轻重缓急。

在新工作机制下，所有经理还会额外扮演重要的角色。其中一个角色是设定新工作机制的标准和边界，在组织处于转型初期时尤为如此。并非所有工作都适合于解构，而且各组织对岗位进行解构的速度因受愿景、战略、流程、文化、技术和其他多种因素的影响而各异。

组织的高层领导者的第二个重要角色是设定宽泛的指导原则，明确在各职能之间如何对工作加以划分和协调。财务、运营、设施、法务、医疗、人力资源和 IT 等职能部门将确立一定的界限和原则，规定工作该如何完成、协调和分担。现在，这些指导原则通常是在个人接受岗位时设定的，比如，个人获得特定的 IT 系统访问权、处理敏感材料的许可，甚至是进入需要通过卫生安全培训的设施的权力。但当岗位被解构成一系列的能力或任务，完成这些任务的人多种多样且可能包括非员工时，组织就必须持续快速地设定和采纳这些指导原则，并快速地进行跨职能的工作协调。面对新的工作组织和分配方式，组织的高层领导者必须更多地关注工作本身及工作的完成和分担方式。而这些的基础是大家就权利和责任的分配模式达成统一，这种模式必须随着组织所采用工具（如内部人才市场）的变化而变化。这一步非常关键，可以避免出现混乱，确保新工作机制与公司的整体战略、目标和文化保持一致。

与此同时，一线组织领导者将继续设定和优化部门目标，关注部门员工的需求和愿望，但他们当前要从任务、项目和员工的技能层面来开展这些工作。他们将成为项目领导者，负责持续地将项目解构为任务，再根据员工们解构后的能力将他们组建成团队来完成那些任务。很多时候，员工不再固定于某个岗位和层级，也不会只从属于某位组织领导者。在组织彻底打破岗位限制后，工作和员工将可以更为自由地流动，组织领导者和经理将快速组建和解散团队，力争完成部门和整个组织的目标。

所有这些变化都意味着组织领导者将无所遁形，也会有更多机会展现自己。评估组织领导者和经理的标准不再是头衔和证书，而更多的是他们的成就和特点：他们过去做了什么，有能力做什么，过去做得怎么样？进一步思考新工作机制，我们将发现，组织领导者需要加强和调整部分传统的领导技能，并培养部分新技能。

乍一看，新工作机制似乎弱化了人性的一面。但打破工作岗位的限制事实上将强化组织领导者人性化的一面，让优秀的组织能脱颖而出。组织要获得兴旺发展，就要更多地依靠组织领导者或经理，他们能组织、挑选、评估、发展、激励和团结短期团队，向团队成员阐明目标。这些短期团队由解构和重构后的工作和员工组成。这种连续的敏捷领导方式要求组织领导者或经理拥有卓越的人员领导能力，因为他们会持续地对工作进行重构，建立更为短暂、高效且解构程度更深的团队，并将员工和技术相结合。

WORK WITHOUT JOBS

建立人工智能时代的新工作机制

- 设计未来工作的首要原则是采用敏捷创新的框架。
- 组织在进行工作设计时，需要将员工当作顾客来对待。
- 敏捷创新的最佳方法就是进行系统性评估，查找在哪些领域里，创新的收益大于成本。
- 人力资源部门的职能不是解释或执行政策，而是负责工作设计中的敏捷创新。
- 新工作机制是否能够成功，取决于员工和经理实时谈判的能力。
- 为了能持续成功地组建团队，组织领导者必须树立自己的领导品牌。

WORK
WITHOUT
JOBS

第 7 章

新工作机制与社会政策的协同变革

WORK
WITHOUT JOBS

要建设具有流动性的工作生态系统，
就需要用任务体现工作要求，
用技能体现员工能力。

在前面的章节中，我们已经介绍过如何建立并使用新工作机制。新工作机制建立在解构和重构的基础之上。在本章中，我们来探讨在组织内推行新工作机制需要哪些社会政策的支持。我们会重点探讨社会、公共和外部利益相关者的政策和问题。当然，这类政策可能会大力推动新工作机制的实施，而新工作机制也是推动这类政策落实的必要因素。

我们曾经说过，未来的工作分布并不均匀。当然，很多工作仍然像传统员工所从事的传统全职工作一样，会受到充分组织和监管，或许大部分工作在数年里都会如此。组织仍然会通过雇用关系来监管员工，而且会认为雇用关系已经足以体现工作提供者和工作落实者之间的关系和交易。但最终，越来越多的工作将会以解构后的任务的形式存在，而且越来越多的员工将以更灵活的方式自由运用自己解构后的能力（如技能、才智和知识），而不必再努力适应特定的岗位。

众多社会政策提议旨在让工作关系变得更紧密、公平、透明且高效。本章将会分析为什么解构是实施以上众多社会政策提议的核心之所在。就算是正式的全职雇用关系也会越来越多地呈现新工作机制的特征，努力实现这些目标。工作的最基本单位不再是岗位，员工也不再是岗位负责人，这种改变为大家带来了深刻的认识和多种可选工作方案，而基于岗位的传统工作机制无法适应这种变化。

从设立岗位向打造平台转变

我们在引言中提到过，几乎所有的社会体系都基于工作（即岗位）、岗位负责人（即员工）的概念。人们常常要求公司、政府和社会解决工作外移所带来的困难，但保留或返回过去的“优质岗位”正日渐变得不切实际。人们提到的“过去的优质工作”，通常是指在与过去截然不同的经济条件下，保留与此前一样的岗位。例如，市场和环境压力让煤炭开采难以持续，而此时要承诺保留传统的煤炭开采岗位就显得非常不切实际。新冠疫情导致很多人下岗，也大幅推动了工作重构的速度。过去，人们会呼吁留住下岗员工并将他们安排到需求旺盛的行业的优质岗位上。现在，人们也会建议，为了满足员工对工作地点和工作时间灵活性的新要求，组织应该重新考虑按需工作，在平台上从任务层面来安排工作。

要解决这些重要的社会问题，就要打破岗位限制，包括建设更好的平台，以及打造更好的体系来帮助人们注意、发现和使用这些平台。工作生态系统在不断变化，岗位和岗位负责人的概念已经不足以满足它与市场匹配的需求，也不足以满足人们的基本需求（如对收入、医疗卫生、集体发声、医保和退休金等方面的需求）。**要想更好且更高效地满足这些需求，整个社会就必须针对解构后的工作任务和工作者技能建立平台，或者让社会保障体系与岗位雇用关系脱钩，给予人们更大的空间去尝试上文中介绍的新工作机制。**

2018 年世界经济论坛《优质平台工作原则章程》（*Charter of Principles*

for Good Platform Work，2018）显示，这家受人推崇的全球性宣传机构开始关注平台工作。这一章程很好地展示了政策制定者未来可能采用的思路。

世界经济论坛《优质平台工作原则章程》：

1. 多元化和包容性：平台应该具有包容性，可供多元化的工作者使用，而且应该鼓励国籍、宗教信仰、性别、性取向和种族背景各不相同的合格参与者（包括残障人士）使用。

2. 安全和福祉：平台应根据地点和工作形式制定合适的政策或指南，以保护工作者免受安全和健康风险的侵害，也应保护和促进工作者的身心健康。用户或客户应该知晓并遵守这些政策和指南。

3. 灵活性和公平性：所有条款应该明了易懂且透明，便于工作者查阅。账户停用的理由和程序也应该明了，平台应该建立相关流程，以便用户对相关决策提出质疑，或便于多方利益相关者对相关决策进行支持。相关流程应该对有关数据保密。平台在算法的使用上应该遵循透明和问责制，确保算法的设计将公平和公正性放在首位。

4. 合理的薪资和收费：工作者在决定是否接受任务前应该能清楚知晓收入情况。当有最低工资限制时，雇员的薪资水平不得低于他所在区域的最低工资，且他的薪资应在与实际工作时间成比例的基础上考虑到他的工作形式的合理开销。工作者自主定价时，他的收费标准也应该能体现市场薪资的变化。

5. 社会保障：政府和平台应该共同合作，在考虑到当地实际情况的前提下尽量确保工作者可以获得可靠的、能承受得起的且全面的社会保障和福利，以满足他们的个人需求。政府和平台应该明确告知工作者可供他们选择的社会保障方案。这个过程应该考虑到工作者的观点和他们对自身需求的看法。政府应该制定规章制度，让平台可以为非雇员提供这类福利。

6. 学习与发展：平台应该鼓励和支持个人的职业发展。所有利益相关者（尤其是政府和平台）应该相互协作，确保工作者能够参加平价的教育和技能提升计划，以支持他们的职业发展。

7. 发声和参与：工作者应该能向平台表达他们对平台指南和实务的看法，平台应该提供合适的流程、渠道和论坛来进行这方面的讨论。平台应该确保工作者可以借助透明且负责的机制在合理的时间范围内解决与用户或客户和其他工作者之间的分歧。

8. 数据管理：根据司法要求，工作者应该能够随时查阅自己使用平台的完整历史记录和总体评价（若适用），且这些记录的格式易读易懂，并可转换。

工作平台在社会、政策和组织上面临的挑战

建立工作机制对工作进行解构，再以此为基础建立一个工作平台，这种做法的前景相当可观，可以带来巨大的社会福利，例如，它可以让边缘化或贫困工作者进入主流工作市场。解构工作任务，打破传统的岗位思维

方式，这些都非常关键，它们有助于实现工作时间灵活和工作地点多元化，提高此前未能充分就业的人群的就业率，增加工作者的收入，改善工作和工作者之间的匹配，加强工作交易的正式度和透明度，并且提升工作支付系统的可靠性。

立足于工作解构的新工作机制可以与传统的雇用关系齐头并进。从平台工作的角度去分析，我们就能很好地理解传统雇用关系的众多好处和问题之所在。所以我们要思考社会政策如何限制和推动平台工作者的体验，也将从中获得众多启发。

世界经济论坛起草了上文中介绍的章程，章程中指出平台工作在以下方面仍然面临巨大的挑战。

福利和社会保障。平台工作者通常被划归为独立合同工，这意味着他们无法同雇员一样享有同等的保障和权益，如假期、病假工资、失业保险和养老金等。平台的能力往往有限，无法给他们提供法律规定的这类保障。法律规定的这些福利通常受限于传统的雇用关系。

合理的薪资。一些对技能要求较低的工作存在的关键问题是如何确保工作的收入足以支撑工作者合理的生活质量。因为平台工作者通常被划归为独立合同工，他们常常无法得到关于最低工资的法律的保护。

尊严和利益。平台工作可能使一些岗位的特定任务被商品化，导致工作变得重复和单调。

保障性。任务发布者会通过平台为工作者提供多少工作量？平台必须合理均衡其中的风险。例如，在传统的雇用关系里，低需求期的风险由雇主来承担。当市场需求较低时，员工（在中短期内）仍然可以领取薪水。而在平台经济中，这种风险主要由工作者承担，因为他们通常无法享受社会保障，这种风险更大。他们也缺乏避免被平台开除的保障。

技能提升。工作者可能缺乏通过自身的工作来提升技能、学习新技能的机会，也很难获得培训机会。在第四次产业革命中，这一点尤为重要。在这次产业革命中，快速的科技发展意味着工作者必须更加持续地提升技能和学习新技能，以确保自己拥有持续的就业能力。

代表。平台工作者通常无法受益于传统的方法。这些传统的方法可以帮助员工确保自己的声音能被大家听到，能得到重视，而且他们的权利能得到尊重。这些方法包括集体谈判和代表。

权力的平衡。成功的工作或服务平台必须能产生强大的网络效应。平台若过于关注市场，可能会损害工作者的利益。

接下来，我们将探讨部分比较宽泛的全球政策和社会挑战。人们常常认为这些政策和挑战对于建立流动性更强的工作生态至关重要。而要推动基于工作和员工解构的新工作机制，提升工作生态的流动性也是必不可少的。针对每项社会挑战，我们都强调了对工作进行解构的重要性。哪些社会政策目前限制了平台工作者的体验？如何更新社会政策以提升工作者的体验呢？正如我们在前文中所指出的，对这些问题的思考将给我们带来一定的启发。

正式工比临时工更敬业吗

非传统的工作者真的比传统员工更敬业，对工作的满意度也更高吗？

韦恩·卡肖（Wayne Cascio）和约翰·布德罗查阅了相关的学术研究。下文列举了部分关于工作者态度和动力的重要研究，对自由职业者或临时工和正式员工进行了对比。

在分析 72 份涉及 23 万员工的研究后，他们发现，临时工对工作的满意度略低于正式工，但这种情况也因临时工作的类型不同而有所不同。有些临时工（如第三方派遣人员）的工作满意度较低，而其他临时工（如合同工）则不是如此。欧洲一份针对临时工的调查显示，在担任临时工的初期，工作稳定性、工作满意度或组织归属感对工作者并没有太大影响，但到临时工合同的履行即将结束时，工作的不稳定感就会增强。针对澳大利亚全国大量临时工样本的研究发现，与正式工相比，临时工对工作小时数和工作稳定性满意度较低，但两者对薪资的满意度相当。在另一项研究中，研究人员对美国某电信公司 6 个位于不同地点的办事处的临时工和正式工进行了对比，发现尽管临时工的工作不那么稳定，但他们在工作中的“任务同一性”（工作结果完整且明显）和结果反馈更高，所以更有动力。临时工也有着更高的“个人成长需求力”（对个人成就感、学习和发展机会的需求）。

尽管研究结果多种多样，但我们还是能从中发现如下一些模式，了解到组织领导者可以如何提高临时工的敬业度。

- 通过劳务公司招聘或公司直接招聘的员工更倾向于选择正式雇用关系，而独立合同工更倾向于非正式的雇用关系。
- 相比于因为缺乏替代方案而选择临时工作的人来说，主动选择或偏好于临时工作的人拥有更好的体验。
- 同事和主管的情感支持会提升临时工的认同感。不管对劳务派遣公司还是劳务接收公司而言，临时工的这种认同感都会得到提升。客户公司的支持也会让临时工更认同向该公司派遣员工的劳务公司。

- 同组织在社会和情感上建立起“心理契约”后（不是只有交易和经济关系），员工们通常会更加乐于工作更长的时间，帮助其他人，以及支持变革。当临时工与组织建立起持续的关系，可能会续签临时合同或从临时工转为正式工时，他们会建立与正式工类似的心理契约。
- 除了心理契约之外，对合同持续性的期望也会影响临时工的态度和绩效。一份研究显示，当临时工有机会同公司签订标准雇用合同时，他们对主管和同事的态度会更加积极，绩效也会比正式工同事高。

由上可见，如果将基于工作解构的新工作机制同平台工作系统相结合，再加以合理设计，就能提高员工的敬业度和认同度，工作文化也不一定要局限于传统的雇用关系。

我们已经看到平台员工和他们所处生态系统如何提供社区、心理契约、文化和自我调节的市场机制。全球最大的自由职业平台 Upwork 就是很好的例子。Upwork 前首席执行官史蒂芬·卡斯里尔（Stephane Kasriel）观察发现，Upwork 社区就像一个体育联盟：所有球员都非常强大，但如果随机挑选他们中部分人加以组合，那么第一次组建的队伍（这种情况常常发生）通常难以取得好成绩。他认为或许 Upwork 应该鼓励大家针对不同项目多次重复使用同样的人员组合，这样大家才能更好地协作，最终为客户提供更优质的工作成果。

卡斯里尔也指出，Upwork 的客户公司建立了自由职业人才库。通过 Upwork 平台，客户可以对整个市场有微观认识。所以企业经理不用从 1 200 万员工组成的人才库中选择自由职业者，而是可以从数十或数百个自由职业者中选择。这些自由职业者会重复为这些客户服务，熟悉如何提供客户满意的服务，久而久之得到更高的评分。

卡斯里尔发现，组织环境不管是对知识工作者还是正式员工而言都至关重要，对于自由职业者来说也同样重要。Upwork 最优秀的客户会帮助自由职业者了解公司的需求。这在一定程度上意味着让自由职业者了解利益相关者和他们的偏好等，让他们熟悉并加入公司的社交网络。多数客户不擅于为自由职业者设置合适的访问权和背景并加以优化，所以自由职业者无法取得最佳工作成果，最终对双方的关系不太满意，也不太愿意再次与这些客户合作。

利用社会网络提升组织效能

如果将组织视为一个社会网络，就可以深入了解新工作机制如何重新定义组织的概念，以及它们同员工、社会和经济组成的外部体系的关系。数十年来，研究人员一直使用组织网络分析（ONA）来衡量个体之间互动的层次和本质。此后，研究人员可以使用这些衡量指标来进行数学分析，绘制现在大家熟悉的社会网络图，其中个体是节点，而他们之间的关系则用线条来体现。事实证明，这类社会网络图可以用于确认哪些群体常与他人互动并自然组成团队，哪些个体会“跨越边界”同其他情况下可能会保持孤立的群体建立起联系，哪些人是隐藏在传统的层级制度中看不到的社会“影响者”，哪些是可以帮助信息更自由地流动的“弱关系”（与之相对的“强关系”更可能阻碍信息的坦诚交换）。

罗布·克罗斯（Rob Cross）和他的同事研究发现，在多数组织内，20% ～ 35% 的增值协作通常由 3% ～ 5% 的人进行。但就算是在最错综复杂的企业内，就算是在对员工进行组织网络分析时，组织也通常会错过约半数的网络核心人员。在新工作机制下，这种“网络”变得更为重要，因为员工个体不再被随便地归类为岗位负责人，他们与他人之间的互动可能更多地基于自身解构后的技能、能力或关系，而不是他们的岗位。这种网络通常包括传统组织外部的工作者，他们以平台工作者、自由职业者、合同工和其他身份参与组织工作。多数组织在进行组织网络分析时会将传统雇用关系之外的工作者排除在外。

组织正在尝试新的体系，争取为整个工作者队伍提供更大的可见度，其中包括正式员工、合同工、临时工、自由职业者及志愿者。但这些体系通常只跟踪总人数、技能和项目任务。这种做法类似于通过传统的组织架构来管理正式员工。组织网络分析可以帮助组织深入了解正式员工，也同样可以帮助组织了解非正式员工。组织网络分析可以有以下作用：

- 自由职业者和合同工的报酬通常取决于他们的技能水平、个人在项目上的绩效和顾客的评价。但同正式员工一样，自由职业者和合同工的关系网质量同样会影响他们的绩效。研究表明，对正式员工而言，影响他们绩效的并非关系网的大小，而是这些关系的质量和互惠性。如果这一点也适用于工作者队伍中的其他人，那么组织应该对自由职业者、合同工和其他人的关系网质量和所处位置加以衡量。
- 组织网络分析可以帮助组织了解哪些员工过于边缘化（即有技能和资源未能得到利用），哪些员工过于核心化（即可能存在过多协作，导致人精疲力竭）。组织网络分析不仅针对正式员工，也可以针对非正式员工。通过这种分析，组织可以发现哪些人力资源尚未得到利用，由此可以将他们更全面地纳入雇主的社会网络，也可以发现哪些人因协作过多，而无法有优秀的表现，就算他们过去的项目得到过较高评价也会如此。

- 针对组织网络分析的研究显示，如果新人能够创造“拉”的效果，让自己成为大家争取的对象，而不是通过积极的个人推销来创造“推”的效果，那么他们成功的概率会更大。组织可以利用这一研究结果来鼓励和支持非正式员工，让他们被大家看见，与组织的正式员工一样成为关系网的核心成员。组织网络分析建议，工作时间超过 2 ～ 3 年的员工必须扩大和加深自己的关系网，公司也应该鼓励合作多次的非正式员工突破原有的关系网，争取与项目建立起联系。

建立全球性的“工作罗塞塔石碑”

要建设更具流动性的工作生态系统，最基本的必要条件之一就是员工的能力和工作的要求可以得到明确和匹配，而且这个过程是透明且顺畅的。工作被解构后，匹配的复杂程度就呈指数级增长。因此我们需要有针对解构后的工作和员工元素的通用语言，这种语言就是一种标准，可以被员工和组织采纳。大家最终需要的是一个通用的翻译和匹配平台或体系。约翰 · 布德罗为此提出了“工作罗塞塔石碑[①]”的概念。

① 罗塞塔石碑（Rosetta Stone）：制作于公元前 196 年，刻有古埃及国王托勒密五世登基的诏书。石碑上用希腊文字、古埃及文字和当时的通俗体文字刻了同样的内容，这使得近代的考古学家有机会在对照各语言版本的内容后，解读出已经失传千余年的埃及象形文字的意义与结构。——译者注

当人们的能力通过岗位和岗位负责人的形式来体现时，这类确认和匹配功能通常被嵌入人力资源体系中，由人力资源体系来追踪岗位需求和符合岗位要求的员工或应聘者的能力。当组织存在工作需求时，人力资源体系会进行追踪并据此提出岗位申请，然后寻找内部员工或外部应聘者来填补岗位空缺。内部员工或外部应聘者要完全胜任或在很大程度上胜任所有的岗位工作。

我们知道，要建设流动性更强、解构层次更深入的工作生态系统，就要以任务来表示工作要求，以能力来表示工作者。这种方法最直接的好处就是它能识别哪些员工或许不能 100% 胜任某岗位的工作，但如果将部分必要的工作与岗位脱钩，那么他们完全可以胜任那些工作。这种方法也能发现哪些员工可以胜任“相邻领域”的工作，他们可能拥有岗位所要求能力的 80%，另外 20% 的能力则可以通过在线培训、社区大学、公司培训或在职学习等方式轻松掌握。扩大招聘范围，将这些员工也纳入考虑范围，这种做法能大幅扩大可用员工资源。公司不应守株待兔，等着完全符合岗位要求且愿意加入公司成为正式员工的应聘者出现。

我们在第 4 章中曾提及，**要以任务来表示工作并以能力来表示员工，就必须建立一个更细致的任务解释和匹配系统，而不是简单地用整个员工去匹配整个岗位。**即使是稳定不变的岗位，相互之间进行对比都很难。还记得我们在第 4 章中所举的例子吗？就算是在军队系统里，文书这个岗位的定义也因军种不同而不同。“门店员工”是个可比性较高的岗位，但这个岗位的任务要求也可能因为零售商不同而有所区别。所以要建立一个全国或全球的体系来跟踪解构后的工作任务和员工技能，其复杂程度远非现有的任何体系可比。

我们设想的平台将类似于亚马逊、奈飞和谷歌，平台上的工作交易会通知自动化的人工智能翻译器和优化算法制作一个本体，这个本体不仅包括资格要求，还会跟踪整个组织内的“相邻领域”和“发展路径”、任期、项目、奖章等。这种想法是否有点不切实际？有人可能会对一个将顾客“解构”为需求、将产品（从书本到生鲜，多种多样）解构成功能的系统的指数级复杂性提出同样的质疑。亚马逊解决了这个复杂的问题，用事实证明了这种系统的可行性和价值。谷歌早已拥有在线翻译和搜索引擎，用户只要在搜索引擎中简单地输入“老兵岗位”，系统就可以为步兵指挥官匹配可申请的岗位，如配送中心经理、运营经理和培训经理等。这类工具的出现可能只是个开始。对新工作机制的了解可以为我们提供预测未来的方法。

如何建设流动性、公平性和效率更高的工作体系？对政策制定者、监管者、政府、组织领导者、员工团体和其他关心这个问题的人而言，这些工具或分类法有着非同寻常的意义。谁将在这种体系中“拥有”相关数据？这类平台是否会得到积极的建设，获得蓬勃发展，但最终变成它所在市场的一家独大（如谷歌或亚马逊）？还是说全球会投资建设开源系统，供全世界的工作提供方和求职者使用？

新工作机制的保障：
全民医疗和全民基本收入政策

世界经济论坛将全民医疗覆盖（UHC）定义为“确保所有个体和社区都可以得到他们所需的医疗卫生服务”。全民医疗覆盖并不是指提供免费的医疗卫生服务，而是指个人不会因为承担的费用过高而拒绝医疗卫生服务，人们不用承担“灾难性的医疗卫生开支”（即医疗卫生开支超过家庭收入的 30%）。世界经济论坛指出，到 2030 年，54 个最贫困国家提供全民医疗覆盖的资金缺口将达到每年约 1 760 亿美元，其中 20% ～ 40% 的医疗开支会被浪费，发展中国家的人们每年将自行承担总计 5 000 亿美元的医疗开支，这将导致全球 1 亿人口陷入贫困。

国家该如何减少浪费，改善医疗卫生服务，并提高劳动力的流动性呢？世界银行提出了 4 项优先工作。第一项，国家应加大对高质量的平价基础医疗卫生服务的投入。在强大的基础医疗服务的基础上建设卫生系统，这个系统更高效，也更公平，可以创造更高的价值和更优质的医疗卫生成果。国家也应投入更多资源提早检测和治疗疾病，避免等到病情恶化再治疗，这样不仅可以拯救生命，还能降低医疗卫生成本。第二项，国家应该让私营企业进入医疗卫生领域，解锁筹资和医疗卫生服务的新模式。第三项，我们需要改善教育、扩大社保服务覆盖范围，并且创造就业机会，跨医疗领域来改善医疗卫生的效果，为社区提供支持。第四项，我们需要改变医疗卫生的融资方式，让国家能在投入资金后获得更好的结果。

关于平台工作者，世界经济论坛进一步指出："就算平台工作者依法享有一些福利，但他们在实际操作中无法真正享受到这些福利。"在欧盟经济体中，有高达 70% 的平台工作者无法参与儿童托管和住房福利等计划。这在一定程度上是因为工作者在平台之间切换时没有能力转移自身的福利计划。另一个问题可能是独立工作者和小型企业一样，在医疗卫生方面获得的价格优惠不如大企业。

全民医疗覆盖的好处和成本都是非常错综复杂的，在制度和传统方面都存在一定的障碍。有些国家已经建立了根深蒂固的体系，将医疗福利和传统的正式雇用关系捆绑在一起。在这些国家，全民医疗覆盖遇到的障碍尤甚。但不管是在发达的西方国家，还是在贫穷的国家，全民医疗覆盖已经用事实证明它的成本效益和成功性，尤其是在贫穷的国家。一份针对发展中国家推行全民医疗覆盖的分析推断："认真尝试建立全民医疗覆盖，或者是朝那个方向努力，将带来惊人的成效。这些研究发现，成功的重要因素包括：在政策上坚定地支持提供全民医疗覆盖、为尽可能多的人口提供可行的基础医疗和预防性服务覆盖、认真关注医疗卫生和辅助性公共服务的管理质量，以及为所有人提供有效的学校教育。而其中最为重要的一点在于，这意味着发展中国家要让更多女性加入到医疗卫生和教育服务中。"美国的传统做法是将医疗卫生福利与雇用关系捆绑在一起，但也有一些创新之举，为平台工作者和零工提供医疗卫生福利。Stride Health 公司打造了一款应用，帮助这些工作者搜索和加入医疗卫生计划。美国《平价医疗法案》（*Affordable Care Act*）虽然在政治上存在诸多争议，但也是在尝试将更多的美国工作者和居民纳入医疗卫生覆盖范围，填补全民医疗覆盖的缺口。

越来越多的工作领域开始采用基于工作和员工解构的新工作机制，随之而来的是全民医疗覆盖的好处变得更加明显，对未来工作者的益处也变得越来越明显和重要。

全民基本收入（UBI）的概念数十年来一直被广泛关注。政府推出这一计划，旨在定期为全民或全体人口中的特定个体提供收入，收入领取者无须工作，政府也不会调查领取者的经济情况。保障性基本收入（GBI）的概念与全民基本收入不同，但两者存在一定的关联。保障性基本收入水平是确定的，当个体的收入低于这一水平时，政府将提供补贴，确保个体的收入达到最低水平。

全民基本收入的概念存在一定的争议，但随着工作自动化的影响越来越明显，这一概念也受到了人们的关注。美国总统候选人杨安泽在竞选纲领中重点谈到了这一概念。他提出，技术可以让员工远离最危险的、重复性强且枯燥乏味的岗位，但如果这意味着美国人不再有收入来源，也没能力去购买日用品、置业、存钱上学或自信地组建家庭，那么未来可能会非常灰暗。他提出，2019年美国的劳动参与率仅为62.7%，随着自动驾驶汽车和其他技术的出现，这一数字可能会大幅下降。为此杨安泽提出了“自由红利”（Freedom Dividend）的概念，自由红利来自增值税，它可以让越来越多的美国人享受到自动化技术带来的好处。自由红利会提供资金保证员工的基本收入，让他们能寻找更好的工作、创业、重回学校学习、照顾家人，或者边工作边寻找下一个机会。

新冠疫情导致了大范围的经济萧条，众多国家为此采取了前所未有的大规模财政救助措施。这种财政救助通常体现在全民基本收入或保障性基本收入上。如果企业在经济低迷期留住员工，那么政府将为雇主提供资金来发放工资，或者提供补充性失业救济金来提高失业人员的收入水平。面对新冠疫情，人们更加关注全民基本收入、保障性基本收入等政策的潜能。伦敦大学的一位研究教授在为世界经济论坛撰文时提出，这种保障基本收入的体系应该具备以下特点：

- 不是一次性支付。
- 通过设计保证人人对“生存资源享有同等的控制权”（残障人士将得到更多生存资源）。
- 不进行经济情况调查（以免贫困个体为了工作放弃福利）。
- 在一段时期内是有保障的，且不能被提取，或者持续到经济获得可观复苏。

随着新冠疫情的发展和它对员工影响的加深，关于基本收入保障方面政策的讨论重点逐渐变为这类政策会给失去传统岗位的全职员工带来什么影响。但该政策此前也得到了研究零工经济或平台工作者的学者的注意。牛津大学 iLabor 项目在 2017 年的一篇博文中提出，政策的典型反应是倾向于重新采用标准雇用模式来管理零工工作。相比之下，基本收入保障政策从另一个角度进行思考，在收入方面为工作者提供一定的保障性和可预测性，这个基本收入不与他们的工作挂钩。此外，政府可以为员工提供备选方案，通过足够高的基本收入来帮助工作者拒绝糟糕的零工机会。**所以基本收入保障政策不是对雇主和雇员的关系加以管理，而是让雇主和雇员可以在更公平的层面就雇用条件进行谈判。**

工作者所处的生态系统解构程度和流动性都有所提高，他们的工作也会越来越多地脱离传统的雇用关系。他们可能成为世界银行所称的“非正式员工”，经营小生意或成为有偿服务人员（如家政人员和家居清洁人员）。从这个方面来看，他们的身份介于正式员工和其他人员之间。正式员工签署了传统的雇用合同，合同会对收入和其他保障措施加以规定。而其他人员不工作，但可以参与部分社会保障计划，从中获得收入或其他资助来维持生计。

同样，低收入国家也存在大量尚未充分就业的劳动力群体。新工作机制和解构后的平台工作将有可能让那些劳动力全面参与到工作中来。我们常遇到来自低收入国家的平台工作者，他们的客户包括一些全球最大的企业或部分顶级娱乐公司。他们称赞平台为自己提供了机会，让自己被大家所知，也能有机会证实自身的能力。

面对新冠疫情，世界银行曾在 2020 年就非正式员工提出建议，我们可以从中获得一定的启发。要想培养和使用低收入国家的劳动力，组织领导者和政策制定者就要反思为这些劳动者提供资金的传统方式。世界银行指出，低收入国家对很多事情的处理都是非正规的，旨在保护私营企业的政策工具只能覆盖这一经济体中的少部分劳动者。小型企业和它的员工获得资金的能力应该被摆在首位，因为这些企业和员工无法通过正规的政策工具（如税收政策和工资津贴）有效地获得支持。世界银行指出，这类支持可以由商业银行、微型贷款机构、数字化借贷平台、企业供应链、地方政府、社区或其他中介机构来进行鉴定和分类。但要让这些机构参与其中，政府就要制定问责制度和激励机制，例如，设定针对中介机构的资金风险共担和保障举措，帮助它们避免潜在的损失。世界银行也指出，微型公司和个体的区别很模糊，所以给二者的支持应该是直接将现金交给非正式员工，而不是交给非正式的公司。

美国部分大型城市已经在 2021 年试推行全民基本收入计划，这些城市包括宾夕法尼亚州匹兹堡市、加利福尼亚州康普顿市、南卡罗来纳州哥伦比亚市，以及密西西比州杰克逊市。我们非常高兴地看到这些实践存在很多细微的差别，它们针对具体的环境或问题，而不像传统做法一样宽泛地针对贫困人群。其他因素也在推动这些实践进行，其中包括追求社会公平和解决家庭需求等因素。不管具体目标是什么，这些实践如果能建立在基于解构的新工作机制下，而不是只关注传统的雇用方式，那么实践将在更大程度上取得成功。

总的来说，全民基本收入或保障性基本收入计划能取得什么实际效果？降低平台工作者和小型企业获得资金的难度会带来什么样的影响？这些问题的答案尚不得而知。但新冠疫情对经济冲击的后果似乎让全民基本收入或保障性基本收入变得相当重要。疫情也让大家看到众多服务不到位的人民处境堪忧。随着工作的解构程度越来越高，这种重要性促使我们思考如何更好地定位这些项目，让员工们能够拥有更好的判断力和更高的流动性，根据解构后的工作元素来对工作进行重构，更好地匹配自身解构后的技能和发展需求。

员工如何在平台上发声

工会未来会如何发展？这个工会和员工团体面临的问题如今也延伸到了工作平台。2015 年，西雅图市通过法律，允许网约车司机成立工会。对此，美国商会公开反对，宣称这项法律将“阻碍商业自由流通”。美国上诉法庭支持了这条反对意见。

欧洲工会研究所（ETUI）的文件中介绍了西欧平台工作者团体代表的例子。这份文件指出，传统的工会模式在 20 世纪初之前是奏效的，但此后相比于产业工会就显得黯然失色了，只是并没有被完全替代。产业工会的巅峰期在 20 世纪 60 年代至 70 年代。欧洲工会研究所提出，替代传统工会的新模式正在浮现，这种模式的特色是包括多个产业和服务的跨部门工会或总工会。

平台工作通常由解构后的任务组成，采用的是计件薪酬的方式。这种工作开展方式可能会导致剥削，因为它模糊了工作者生活和工作的界限，工作者的资本投入得不到充足的补偿，对医疗卫生和安全保障的监督较少，且监督行为不明确。由于鲜有国家已经拥有完善的监管做法，因此平台工作者并没有“制度性权利”（即加入工会集体进行谈判的权利）。在此情况下，平台工作者的“结构性”谈判权利可能会替代“制度性权利”。**当工作者拥有独一无二的技能，可以通过自身工作来颠覆生产制造过程时，他们的结构性谈判权利就会增强。**此外，就算是现在，多数平台工作者也只是将平台工作当成一种副业（他们往往拥有一份传统的全职工作，通过平台工作来增加一些收入）。平台工作也有社交媒体的性质，通常会放大少量活动家的声音。他们会发现一些可能存在不公正问题的现象，然后将平台工作者召集在一起，让新工作机制下的更多工作者对平台工作更感兴趣。欧洲工会研究所的文件中列举了一个例子，介绍了 2017 年和 2018 年西欧外卖员的集体行动。这些外卖员集体退出平台，以抗议平台从按小时支付工资变为按送件量支付。这份文件指出，平台有几大特征，可以放大集体的声音。这几个特征如下：

- 平台是大众自我传播的网络，可以跨越宗教、国家甚至全球。
- 平台是自我组织协会的温床，可以提升协会影响力，甚至可以让协会与传统工会联合，后者可提供专业技术、组织力和资金。例如，德国最大的工会——五金工会（IG Metal），自 2016 年开始向平台工作者开放了会员资格。
- 工作者可通过社交媒体来了解舆论，在改革问题上从消费者或监管角度制造压力。

我们在本书中提过，越来越多的工作将变为平台工作，甚至全职工作也将越来越类似于平台工作。组织领导者、员工和政策制定者因此应该向平台学习经验，这些经验与突破了旧工作机制下的传统雇用关系和工会关系的员工代表和发声有关。

在新工作机制下，工会可能有一定的优势。为了保持自身的战略敏捷性，组织通常反对工会化。但就算是在传统工作机制下，工会也存在一定的优势。比如，联合包裹运送服务（UPS）在全球派送包裹，这家公司的卡车司机包裹部门有 25 万名司机加入了工会。UPS 和卡车司机虽然存在分歧，但双方合作已经超过 80 年，而且 UPS 的众多执行高管最初也是工会司机。UPS 和卡车司机之间长期的合作关系给这家公司带来了一定的益处。比如，在裁员或工作地点变更时，工会可以向司机解释公司做出这些艰难决策的理由。工会还能游说政策制定者，请他们基于 UPS 对员工集体的支持，考虑在贸易、税收和其他方面给予 UPS 一定的优惠。

工会和员工集体未来将会在平台工作中扮演至关重要的角色。UPS 的例子让我们看到了公司与工会合作的好处，而“好莱坞模式”则让我们受到了重要启发。好莱坞已经兴旺了近 100 年，而来自工会的合同工是其最重要的人才来源。对娱乐公司而言，它们重要的人才（如演员、导演和制作团队）都是合同工。这些合同工都是美国演员工会或美国电视和广播艺术家联合会的成员，所以他们不是由人力资源部门管理，而是受顾问合同或采购合同管理约束。人力资源部门怎么能委托他人来管理这么重要的人才呢？在其他行业，各公司的规章制度通常由人力资源部门制定，而在好莱坞，工会合同对规章制度进行了正式的、标准的阐述，而且工会合同可以跨员工和组织使用。

例如，一个制作团队在什么时候需要聘请合格的特技车手？关于这一点，美国演员工会、美国电视和广播艺术家联合会的“特技演员安全摘要”中有规定：

1. 当车辆的一个或多个车轮离开地面时。
2. 当车辆需要突破轮胎抓地力，例如进行打滑、漂移等动作时。
3. 当车手视线受阻时。

各雇主无须再制定好莱坞制作要求。制作团队在与不同雇主合作时，也没有时间去学习新规则。亚当·戴维森（Adam Davidson）在介绍《大空头》（*The Big Short*）的电影布景时说：“这个团队的成员以前从未一起合作过……但大家没有过渡时间，人人都能立即开始无缝合作。他们只是各自做自己的事情，然后这些工作就自然地协同起来了。”整个过程没有任何人力资源部门的人员出现。为了保证跨项目和跨雇主的统一性，这些规则必须体现工作的特征，而不是雇用关系。在好莱坞，工会负责管理通用规则。例如，CAPS Payroll 公司为电影和娱乐项目提供薪酬管理服务，导演和制作人在拍摄过程中可以实时使用这家公司的网络应用程序。好莱坞工会合同是支撑这些应用程序规则的基本原则。随着工作发展变化，人力资源部门的组织领导者会发现工会意外地成为新工作规则的制定者和通用存储库。

传统工会的影响力和成员数在这几十年里一直下滑。最近，有迹象显示，谷歌等科技公司和亚马逊的仓库及其他员工针对传统工会采用了新的组织方法，这些也体现了员工们对集体发声的渴望。更有趣的是，集体发声的新形式利用了新兴的社交媒体，让人们关注员工们的不满和委屈。就算没有工会，社交媒体和传媒从工作环境、医疗卫生和安全或性骚扰等角度报道员工们的故事，这些报道会呈现病毒式传播，放大一个或少数人的声音，让这种声音发展成更广泛的集体行动。新工作机制解构了岗位、岗位负责人和从业资格等传统观念，组织和传统工会也需要反思员工话语权这个基本概念。

从学位到叠加式证书：人工智能时代的教育转型

我们已经介绍过新工作机制非常强大，会重新定义员工并给予他们支持，员工不再是岗位负责人，而是拥有众多技能和广泛潜能的完整的人。第 4 章指出，新工作机制为组织提供了更好地全面了解员工并发现他们所有技能的机会，而不是只把员工与某个岗位或岗位晋升联系在一起。

要抓住这个机会，组织和学习提供者也同样需要反思从教育到工作的道路。这意味着组织和教育提供者不应把对员工教育的关注点放在获得学位上，而应该关注员工解构后的学习和能力。

这显然预示着在两个方面必须进行彻底的转变，一个是大家对教育的理解和教育的开展方式，另一个是教育提供者和最后聘用学生的组织这两者之间的关系。数十年来，高校和社区大学等教育提供者发现了传统教育体系的局限性。按照传统教育体系，教育提供者固定地提供一系列的课程，并将这些课程打包成固定的学位。这类体系在面对用人单位需求发生改变时难以快速做出反应。教育机构的营收基础是参与虚拟或线下“文凭课程”学习的学生数，这些“文凭课程”通常在线下真实的校园内进行，直到学生获得学位为止。教育机构会组织并激励教授和其他工作人员提供固定的课程，满足固定的学位要求。

敏捷组织的要求变化迅猛，传统教育方法无法跟上这种变化，这种不匹配已经促使部分组织提供自己的培训课程或“学院”。组织将学习解构为模块，重点关注自己所需的具体技能，且这些模块可以根据需求的变化而改变。平台使用人工智能技术将教育课程和学位翻译成雇主所需的工作资质，这也是在创造性地修建从教育到工作的“道路”。此外，在地方层面，社区教育提供者和社区企业成为合作伙伴，协作对教育课程进行重新定义，以更好地满足企业的需求。

本书未全面探讨教育和终生学习应如何改变以应对新工作机制带来的挑战和机会。但叠加式证书这个创意可以很好地说明解构给教育带来的影响和挑战。

新冠疫情期间，美国《连线》杂志发表文章，着重介绍了一种日渐流行的教育方法。这种方法在一定程度上源于高校、社区大学和其他教育机构越来越多地提供虚拟学习和在线课堂。这篇文章指出，疫情对经济的影响大力推动了“微证书”的发展，因为“很多人需要进一步的教育来重返劳动力市场，而且他们需要以尽可能低的成本来快速获得证书，所学学科必须与可申请的岗位直接挂钩”。

在实际操作上，叠加式证书就是将传统的大学学位解构为学位将培养的各种能力。此后学生可以用所掌握的解构的能力来证实自身的学位，雇主和其他人在需要员工时也能更轻松地将学生的学习进展和组织解构后的项目或任务进行匹配。不再将解构后的能力打包成学位，这种做法不仅有助于应聘者去申请工作，也能为大家提供更多可能性，让教育成果持续地解构和重构，满足敏捷组织不断变化的需求。

最终，学生可以选择“叠加”足够多的证书来换取大学学位。学生不一定要连续接受教育，也不一定要按顺序完成固定的课程才能获得学位。在证书被解构后，学生可以随时加入或退出学位课程，中间可以利用部分解构后的证书来从事某个岗位的工作或参与某个项目，然后再返回学校通过学习获得更多的证书。

《连线》杂志的这篇文章称，一位学生说，“即使我选择不完成学业，我仍然还有这些证书在手。我可以说，‘看看我取得的成绩’，而不是只能说‘我在大学学了两年’，可是什么东西都拿不出来给别人看。”这位学生积累了高需求行业（如技术支持、云技术和数据分析）的一些专业证书。她目前尚未完成数据管理专业本科课程的学习。

这篇文章还指出，美国国家学生信息中心的数据显示，学习传统大学课程的学生中有超过 25% 的人在入学一年后退学，因为学位看上去遥不可及。很多人之所以退学，是因为超过 40% 的本科生没能在 6 年的时间里拿到学位。他们可能是因为钱不够，也可能是因为个人问题而选择了其他道路或者影响了学习进度。他们花在学校的时间越长，越可能拿不到证书就退学，置此前投入的时间和金钱于不顾。在学生拿到学位的道路上，学校先给他们颁发一些证书，就相当于先给予他们一些奖励，鼓励他们继续坚持学业。就算他们最终未完成学业拿到学位，也已经有了部分凭证可以帮助他们去争取一个岗位（或选择替代性工作形式）。也有证据显示，当学位被解构为微证书后，学生更可能完成大学的学习，降低入学第一年后退学的可能性。

新工作机制要求组织反思内部的工作和员工，同时也要求大家在当前的教育生态系统中反思组织外的学习和学习者。同我们前文介绍的组织一样，教育生态系统也面临着反思工作机制的重大挑战。但将组织内的工作和员工解构后，再与教育生态系统里解构后的学位和学习者匹配，这种方法能带来巨大的机会，帮助组织和学生（准员工）解决双方长期存在的棘手问题。

要同时解决学位解构和教育机制改革的问题，我们就必须制定重要的政策，鼓励和支持叠加式证书之类的创新。来自高等教育与经济成功中心（Center for Postsecondary and Economic Success）的伊夫林·甘兹格拉斯（Evelyn Ganzglass）指出，要解决这些问题就必须做到以下几个方面。

设定针对职场和教育证书的通用语言。行业和职业证书是用职场语言来形容个人对能力的掌握程度，而教育证书看的是学分，用大学学分来计算课程的完成情况。如果职场和教育机构能采用更为通用的语言，那么两者解构后的元素能得到更高质量的匹配和对比。有人称这些对通用语言的解释就像是“对照表”，它可以帮助学生、教育者、应聘者和政府了解这些证书的含义，也能推动这些证书的跨界使用。

整合教育机构的监管。监管会影响证书的颁发和教育机构与学位之间的证书转换。如果政府对社区大学、技术学校、本科院校、中小学教育、成人教育及职业和技术教育等的监管存在脱节，那么这类证书的转换就会遇到障碍。州监管机构、地区认证机构、大学及大学内课程委员会等，也可能存在类似的监管脱节问题。例如，技术文凭和应用科学副学士学位通常不能转换成学士学位，除非它们是应用科学学士学位的一部分。

在教育机构内部和教育机构之间牵线搭桥。学术教育项目和职业培训项目之间，以及这些项目内的各学科间会出现缺乏沟通合作的现象。选修课的学分可能无法完全转换，也可能无法替代从一个项目转到另一个项目所要求的课程，因为转入机构会确定学分是否可转和可转多少。各专业的课程编码规则和管理存在差异，如果教育机构能在其中牵线搭桥并进行整合，就能够更轻松地设计跨学科教育项目，这是叠加式证书的关键，学生由此可以在多条学习道路上前行。

解决学分和非学分教育之间的脱节问题。很多职业培训项目，就算是经过认证的教育机构提供的，也通常是没有学分的。这样做是为了绕开传统的学历教育审批流程，因为这个流程耗时长，且相当烦琐。非学分课程不会被计入学位学习中，这对学生的发展而言就是个死胡同。解决这个问题的方案之一是“给此前的学习授予学分”，但这个过程同样复杂且成本高昂。要在学分和非学分教育之间搭建桥梁，就意味着要针对包含职业培训项目的学分安排进行协商，而这类职业培训项目通常包括成人教育和发展性教育，且都不是授予学分的课程。

在学位学习之外也为解构后的证书提供助学金。助学金通常与学期、课程、学时或学位等传统考核指标挂钩。在美国，联邦助学金对申请人的学习周数、小时数或学分学习时间有最低要求。佩尔助学金（Pell Grants）的发放基础是申请人完成的学期数。学生若没有获得高中毕业证书或同等证书，或者在家学习，在申请联邦助学金时就处于劣势。政府通常要求颁发非学位证书的教育机构在培养学生时要针对某确定的职业，这也进一步促使培训机构关注岗位和传统职业。按照助学金的规则要求，申请人所获得的学分必须达到学位、学历或证书项目所要求学分的150%，这一点也阻碍了教育机构在课程中纳入某具体岗位所需的、学位教育计划要求之外的课程。

在保证地方灵活性的同时提高证书的一致性和可转移性。地方教育部门可以灵活地设置短期证书，允许大学针对雇主的具体需求快速做出反应，让学生有能力加入劳动力大军。但这种做法也会导致那些课程在内容和学分上存在差异。用国家认证标准来要求这些地方培训项目，就可以保证证书的一致性，提高证书的可转移性，也能提升这些证书在学生的职业发展道路上的关联性。

优化和整合传统课堂、线上教育和体验式学习等多种学习方式。证书发放标准通常要求学生掌握知识，使用相关技术技能，并且在特定环境中运用这些技术技能。要应用知识，最佳方式就是在实际工作环境里练习。所以要优化证书的各元素，就意味着要在教育机构中整合实习和短期工作任务（或者叫“学习零工”），建设教学模型和课程顺序。解构、任务解释和重构也是其中的关键，必须从能力和任务这些更细化的层面进行，而不能只停留在学位和岗位层面。

事实上，所有组织都认识到，提升技能和重新学习新技能可以有效地提高组织的敏捷性。所有雇主和教育提供者其实也认识到，教育和工作之间需要建立更强有力且更透明的联系，但组织和教育提供者常试图在学位、学历、岗位和岗位负责人这个传统框架里实现这一目标。新工作机制立足于解构和重构，让我们看到了新选项和新机会，可以更为有效地应对这些挑战。

“百岁人生”工作机制

在《百岁人生》（*The 100-Year Life*）一书中，琳达·格拉顿（Lynda Gratton）和安德鲁·斯科特（Andrew Scott）提出，传统的三阶段人生模式（受教育、工作、退休）已不再适用，它将被一系列跨度更短的阶段所替代。这些阶段包括传统的工作模式、创业、继续教育、同时进行的兼职工作和其他阶段等。两位作者提出，人们将会持续工作到 80 岁，以积累必要的经济能力，过上比较舒服的生活。这种预期可能会让一些人感到失望，他们更喜欢传统的方式，希望在 65 岁就完全退休。但格拉顿和斯科特提出，如果年龄的增长伴随着作者所说的“受教育、工作、退休”的重复循环，员工能不断得到“重构”，那么工作会给员工带来更大的成就感。

这类重构需要以我们在前文中所介绍的新工作机制为前提，但同时也要求我们用“工作”的概念替代雇用，用解构后的能力或技能替代教育，用“工作重构”替代退休。这类重构还要求我们建立体系，让员工们不再被岗位负责人的角色所束缚，而可以自由地发展，自由地运用他们解构后的技能和能力。工作也不再只是指找到传统的岗位、为单一的雇主服务。岗位被解构为独立的任务，员工们由此有更多选择来进入和退出这 3 个阶段，甚至可能同时迈入其中两个阶段。

下文中关于某自由职业者的案例来自德勤公司。我们可以从这个场景中看到新工作机制能带来的积极的一面。

汤姆曾在金融服务行业担任企业高管近 40 年。他为客户提供关于潜在并购金额的咨询，在职业生涯中取得了众多成就。但在金融危机爆发后，62 岁的他被迫提前退休。凭借出色的理财能力，汤姆积累了远超他的同事们的退休基金，所以他决定休息一年，搬到离孙辈们近一点的地方生活。他曾经在自己的职业道路上投入大量的时间来寻求发展，现在不想再错过孙辈们的成长。但一年后，汤姆发现自己的空闲时间太多，与外部世界脱节了。他的孩子们已经成年，说服他加入了一个自由职业平台，成为零工。汤姆可以在想工作时再工作，既有机会与其他人打交道，也能分享他多年来培养的技能，还能为他计划的家庭旅行赚点额外的基金。这份零工让他得偿所愿，不仅让他在退休后能保持与他人的联系，还有一定的灵活性。他解释说，他能坚持做这份零工不是为了钱，而是看中它的灵活性和与他人打交道的机会。

当然，这种场景预先假设了汤姆的“退休基金”已经“远超他的同事们”，财务保障让他有一定的灵活性，他可以将重点放在建立新人际关系和学习新技能上。统计数据显示，多数员工都很难像汤姆这么幸运，能攒下如此多的资金。要想广泛且公平地让大家拥有这种未来，国家就需要健全社会保障体系，通过保障体系的设计让这些福利可以转移，且不与传统的全职正式岗位挂钩。格拉顿和斯科特也提醒说，人们很难“在没有稳定收入的情况下获得抵押贷款。或者说人们在没有定期收入且没有雇主为自己缴纳部分社保的情况下很难为退休存钱”。

不管是在旧工作机制还是新工作机制下，社会挑战都会存在。在旧工作机制下，工作就是岗位，雇主与雇员会签订雇用合同，与工作相关的保障措施只针对员工。但人们的寿命在增长，在70余年的人生中，“受教育、工作、退休”这3个阶段会重复循环。旧工作机制似乎无法支持这种情况。究竟是在更长的人生中维持工作的剥削关系，还是在更长的人生中生活在一个能得到发展和奖励的工作生态环境中呢？二者的区别就在于社会是否会接纳新工作机制，对“就业保障”和“就业保护”进行重新定义，把解构纳入其中。

建立人工智能时代的新工作机制

WORK WITHOUT JOBS

- 想要满足员工的基本保障需求，社会必须构建用于匹配工作任务和员工技能的平台。
- 要建立一个更细致的技能和任务解释匹配系统，而不是简单地用员工匹配岗位。
- 设立全民基本收入不是要对雇主和雇员的关系加以管理，而是为了保证他们更公平地开展谈判。
- 当员工拥有独一无二的技能，可以颠覆生产制造过程时，他们的结构性谈判权利就会增强。

WORK WITHOUT JOBS

结　语

积极拥抱变化，成为不可替代的进化者

现在，大家应该明白为什么众多重大的全球、社会和政策问题都要求和支持建立新工作机制，让工作打破岗位的局限，让员工突破岗位负责人的束缚。越来越多的工作要么已经发生转变（例如，内部人才市场发布的任务，通过自由职业平台争取来的任务，等等），要么很快将发生转变（比如，正在与自动化技术结合的工作，已经远程开展的工作，传统岗位职责描述的半衰期缩短的工作，等等），要么应该向新工作机制转变，即便有员工和组织领导者尚未注意到这种情况（例如，难以找到合适员工的工作，发展和职业道路似乎受阻的工作，外包或离岸方式面临压力，等等）。

本书前面的章节已经探讨了如何识别哪些工作在转用新工作机制后能带来最大的回报，以及要通过哪些步骤来实现转变。让我们再回顾一下主要的框架和它们是如何相互配合的。

1. **将工作设计原则作为所有努力的试金石**
   - 从工作任务而不是既有岗位着手。
   - 员工与自动化技术相结合，而不是简单地用自动化技术替代员工。

- 全面考虑各种工作形式（如雇用、零工、自由职业、联盟、项目及其他替代性工作形式），而不是只考虑全职工作。
- 人才根据工作流动，不受限于传统的固定岗位。

2. **遵循新工作机制的变革流程**
   - 首先找到一个有重要意义的触发点来制作原型，展示新工作机制的强大实力和价值。触发点通常包括运营挑战、限制因素（如流程或人才渠道中的瓶颈）、新技术，以及组织首要工作的变化，等等。
   - 确定合适的衡量指标来衡量成功与否。

3. **部署新工作机制**
   - 对岗位元素（任务）进行解构：
     - 回答关键的指导性问题，开启解构过程。
     - 对岗位和工作流程进行解构。
   - 对工作进行自动化，从任务层面优化员工和自动化技术的结合：
     - 在解构的基础上确定自动化技术所扮演的角色。
     - 确认相关的自动化类型。
   - 选择工作形式，包括无边界的、民主化的工作生态系统：
     - 使用解构步骤的结果，确定工作可以分散到多广，任务执行者可以距离任务多远。
     - 确定人才的最佳工作形式（固定岗位、根据工作流动，或者扮演多个角色的混合型人才）。

- 员工的能力被解构，成为一个完整的人，而不只是岗位负责人：
  - 分析构成“完整的人”的独特技能组。
  - 确定执行任务需要的技能，设定系统的技能发展路径来实现人才的发展。
- 不断地对任务组合和多种工作形式进行重构：
  - 通过流程、文化、架构、人才和技术这 5 个核心元素来维护新工作机制。
  - 利用敏捷原则对新工作机制进行持续的重构。
- 通过团队和项目的协作中心、共同的目标或使命，以及人工或人工智能平台和人力资源系统的整合来进行管理和工作协调：
  - 利用人工智能来改变工作协调方式。
  - 在工作设计中采用协作式敏捷创新的方法。
  - 鼓励持续的工作重构和价值谈判。
  - 为组织领导者或经理提供工具，帮助他们在领导中从依靠层级制度变为依靠自身影响力。
  - 对人力资源部门进行重构，将它作为敏捷工作设计创新的枢纽。
- 支持和体现相关的价值观和社会政策。这些价值观和社会政策带来了流动性较高的工作形式，也让员工能全面展现自身的技能，并以此为基础实现员工的可持续性发展、公平性和包容性，确保员工能发表自身的观点：
  - 鼓励建立合适的社会保障系统，让员工的福利可以更方便地进行转移。

- 利用市场力量来鼓励工作平台遵守可持续的劳资实操。
- 与教育机构合作，改进学习解构，使各种培训学习证书之间的通用解释更清晰。

普罗维登斯医疗服务公司的新工作机制实践

普罗维登斯医疗服务公司（Providence Health & Services）是一家非营利性组织，在 8 个州运营了多家医院，总部位于华盛顿州伦顿市。这家天主教医疗组织在西海岸（阿拉斯加州、华盛顿州、俄勒冈州和加利福尼亚州）、爱达荷州、蒙大拿州、新墨西哥州和得克萨斯州有 51 家医院、800 余个慢性病护理机构，还有数量众多的其他医疗、支援性住房和教育服务机构。普罗维登斯医疗服务公司由主顾修女会（Sisters of Providence）在 1859 年创立。在 2020—2021 年的新冠疫情发生前后，普罗维登斯医疗服务公司致力于创造性地解决棘手的战略和劳动力问题。他们的众多创新很好地说明了新工作机制如何发挥作用。

前面的章节中已经提及普罗维登斯医疗服务公司的部分工作创新。接下来，我们会更加详细地介绍这家组织的经验，让大家全面了解其工作创新如何体现新工作机制的每个元素。

重点关注对未来工作方式的重新构想

医疗卫生行业出现了一些巨变，从根本上改变了工作的开展方式，也由此改变了两个方面，即全体从业人员要如何进行组织，公司应该如何为他们配备必要的工具以开展工作。这些巨变包括科学技术的发展，消费者预期的变化，以及政府监管和政府工作重点的改变。另一个巨大的推动因素是全球医疗卫生人才的供需缺口，人口老龄化的问题更是在其中起着推波助澜的作用。简单来说，社会对医疗卫生的需求正在激增，而与此同时，医疗卫生从业人员中有较大比例的人员正在逐步退休。普罗维登斯医疗服务公司首席人事官格雷格·蒂尔（Greg Till）解释称："如今要针对所需角色找到对应的人才很难。几年后这将变成不可能完成的事情。未来我们没办法继续沿用当前招聘、培养和留住人才的方法。继续过去一直使用的方法并非最佳选择。这句话不是说说而已。我们必须改变工作形式，既是为了护理人员，也是为了我们的社区。"

在这个前提之下，蒂尔和普罗维登斯医疗服务公司劳动力战略与分析负责人马克·史密斯（Mark Smith）一起，协同诊所、运营、人力资源和财务等职能部门的负责人，共同针对普罗维登斯医疗服务公司未来的工作展开想象。这项工作是在几年前开始的，在新冠疫情的推动下进展加快。在新冠疫情发生之前开启的工作也帮助普罗维登斯医疗服务公司走在了行业的前列。

把工作解构为任务

在开始探索未来的工作时，普罗维登斯医疗服务公司首先设置了一个前提，即任何改变不仅要让患者和社区受益，还应该给组织自身的员工带来积极的影响。不管员工是在行政岗位，还是在临床岗位，普罗维登斯医疗服务公司统称他们为"护理人员"。这家组织的文化倡导大家去找寻"工作的意义"，护理人员感受到职业的"召唤"，能"全身心"扑到工作上。

普罗维登斯医疗服务公司对护士岗位进行解构，发现这个岗位的某些任务达到了“护士证的最高要求”，这意味着护士们必须掌握并发挥高水平的技能，这些是护士培训和护士任务的标志性特征。但护士岗位也已经发展演变，很多时候，许多任务并不需要护士掌握或使用那些只有经过全面培训才能掌握的独特技能。而“低于护士证所要求水平”的工作任务除了会增加成本外，也会导致护士的敬业度和工作满意度偏低。表 8-1 列举了这两类任务。

表 8-1　高于和低于护士证所要求水平的任务对比

达到护士证的最高要求，技术含量高	低于护士证所要求水平，技术含量低
• 参与多学科护理队伍，为患者制定多方配合的治疗方案	• 不太复杂的诊断评估（量血压、测体温、注射等）
• 执行或协助复杂的临床处理任务（如插管）	• 文档编写（治疗记录、手工或电子病历）
• 拥有一定的同理心，为患者和他们的家属提供情绪上的支持	• “陪护”，即陪伴和照顾需要监护的患者
• 简化复杂的问题，便于患者做出最佳决定	• 非临床培训
• 培训患者，告知他们后续如何进行自我护理	• 参加会议

普罗维登斯医疗服务公司发现，护士有超过 35% 的时间花在技术含量低的任务上。在医疗卫生行业比较稳定，而且护士数量比较充足时，这种情况或许曾经被广泛接受。但医疗卫生行业的环境已经明显发生改变，而且护士短缺的现象非常严重，公司无法再承受让护士把时间花在一些无法发挥技能的任务上，这也不符合普罗维登斯医疗服务公司创造“最佳工作和执业场所”的目标的要求。新冠疫情进一步迫使公司做出改变，因为医院都在满负荷或超负荷运转，而患者的生死就可能取决于公司能否创新，能否将核心人才准确地配置在急需的地方。

除了护士外，普罗维登斯医疗服务公司也在其他领域对岗位进行了解构。例如，在过去几年里，该公司的团队大幅降低了行政管理成本，并且开展了“加速建设健康2.0”的活动来对工作进行改革。同其他改革工作一样，“加速建设健康2.0”项目旨在对工作进行现代化改进，减少变数。但这一项目也鼓励组织领导者共同对每个岗位进行分析，了解哪些任务可以采取自动化、被淘汰、简化或采用其他方法来创造更大的价值（比如，由另一个角色来负责，使用外部合作方，或者在其他地点进行，等等）。

普罗维登斯医疗服务公司后来进一步加速推进其中众多工作，因为其行政管理队伍和众多临床医生改为了远程工作。哪些任务可以远程完成？如何能让居家办公的护理人员能全心投入工作，和大家保持联系，并保证自身工作效率呢？在这些问题上，普罗维登斯医疗服务公司同多数公司一样有了新的认识。这家公司发现，有数量远超想象的工作元素可以远程进行。而且公司的调查显示，新近远程办公的员工的敬业度提高了9个百分点（这个增长率前所未有）。因此普罗维登斯医疗服务公司的领导者和护理人员都开始反思工作和组织设计，并认真分析了现场办公和远程办公的时间分配。这种分析要求将岗位解构为元素，然后对工作进行重构，充分吸收关于现场办公和远程工作的新经验。例如，员工开始适应与人力资源顾问远程交流，而此前人力资源顾问都是亲自到现场与员工沟通。于是普罗维登斯医疗服务公司推进使用聊天机器人来回答员工的简单问题，并将这类问题都集中到位于菲律宾的呼叫中心去处理。招聘流程中的某些任务（福利登记、填写就业资格表格和其他必要的法律和税务表格等）此前都是现场进行的，现在也采用了虚拟途径。

普罗维登斯医疗服务公司针对人力资源职能部门的一个核心岗位进行了工作解构和重构。员工关系管理岗旨在解决员工在职场中的问题，公司此前一直认为这个岗位需要与员工频繁接触，所以作为每个地方人力资源业务合伙人（HRBP）岗位的核心组成部分，员工关系管理岗的工作必须在“本地”进行。

新冠疫情期间，从普通的健康随访到新员工入职培训，都改为采用虚拟手段完成，为此普罗维登斯医疗服务公司对人力资源业务合伙人的角色进行了解构和重构。人力资源业务合伙人的众多任务早已经采用自动化手段、外包或集中处理，但员工关系例外。对人力资源业务合伙人岗位的解构显示，员工关系管理这项任务侵占了人力资源业务合伙人的时间，影响了其他“更重要的”任务（例如，在人才战略和公司发展计划中搭建桥梁，领导变革，培养敬业度高且绩效出色的领导队伍，等等）。此外，员工关系管理工作也越来越需要法律和技术方面的知识。因此，如果将员工关系管理工作分配给每个人力资源业务合伙人，就会导致这项工作的结果差异较大、组织风险增加、经理和员工不满及出现其他问题等。

新冠疫情为变革营造了“合适的”环境，促使普罗维登斯医疗服务公司对员工关系管理任务进行解构和重构。人力资源部门借鉴了普罗维登斯远程医疗服务的经验，对员工关系管理任务进行了解构，让其与人力资源业务合伙人岗位脱钩。公司创建了一支集中化的管理团队，这个团队现在负责通过虚拟途径处理各种员工关系问题。它可以在任何地点开展工作，遵循标准的问题受理流程，接受正式的培训，而且也有客户关系管理工具的支持。

这种改变将 25% ～ 35% 的较低层次的任务从人力资源业务合伙人的工作中转移出去，让他们有更多时间来处理战略方面的工作。此外，将员工关系管理工作剥离出来集中处理，这种做法可以让问题得到更快更统一的解决，提高员工的满意度，并且减少错误和降低风险。正如蒂尔所说的：“通过对人力资源业务合伙人这个角色的解构和员工关系管理任务的全新重构，人力资源团队和他们所支持的员工现在可以快速、低成本且高质量地处理员工关系问题。”

在任务层面优化员工和自动化技术的结合

普罗维登斯医疗服务公司在过去几年里对科技和自动化技术进行了投资，大量技术含量低的工作从中获益颇多。在数字化创新团队的领导下，普罗维登斯医疗服务公司在人工与自动化技术的结合上有多个出色的案例，公司领导者称这些是“激情和创新交汇”。

- 患者参与度：技术在其中发挥了作用。公司使用自动化技术来加强居家患者和医疗服务提供者之间的直接沟通。
- 诊断也在很大程度上得到了技术的辅助，如干涉反射成像传感器（IRIS）技术，它使用视网膜扫描来初步检测糖尿病。
- 药物分发工作得到了自动化技术的增强。自动化技术会对药品库存进行有效管理，并且轻松分发药物。
- 行政管理任务：时间表安排、转诊、抄写和支付处理等任务都在自动化技术的帮助下得到了大幅简化。
- 普罗维登斯医疗服务公司的史密斯团队目前正就护理人员自动排班进行试运行，希望能在人员需求产生前发布角色需求，甚至提供最佳部门设计等，力争为护理人员、患者和社区创造最佳服务结果。普罗维登斯医疗服务公司正在推行名为“预测性排班”的系统。这支员工队伍优化小组使用技术从多个平台（计时系统、电子病例系统）检索数据，从而可以预测普罗维登斯医疗服务公司各组织、各部门每小时的员工配置需求，然后通过决策优化软件来处理这些信息，为组织领导者提供快速且动态的排班表。这个软件可以在 3 分钟内完成优化工作，而在它出现之前，优化工作由员工队伍优化小组手动处理，大概需要 12 小时才能完成。

- 虚拟随访。在新冠疫情期间，虚拟随访的数量飙升，这主要得益于自动化的患者导航服务。

优化多种工作形式

普罗维登斯医疗服务公司长期以来除了全职员工之外，还有多种工作形式，这在医疗卫生行业也是比较普遍的现象。在新冠疫情发生之前，公司还有派遣护士、合同工、志愿者和兼职工作者。普罗维登斯医疗服务公司之所以与这些工作者建立关系，一部分原因是为了满足法律监管（如医院系统无法在加利福尼亚州聘用内科医生）要求，部分原因是为了临时增加人手来应对需求波动或填补短期的能力缺口，还有部分原因是将技术含量低的特定任务交给合同工完成。通过解构和重构，护士角色的众多组成部分可以得到优化，但也有部分因素阻碍了这一愿景的完全实现，其中包括人才招聘的难易程度（持证护理人员和医务助理几乎同护士一样稀缺）、法律限制（如执照法规）、合同限制、技术缺口或变革的准备程度。

新冠疫情的发生促使普罗维登斯医疗服务公司扩大人才来源，招募退休人员、护理专业在校学生，以及从公司辞职后仍然愿意以零工方式回来工作的前全职员工等。它也开始针对实习生推行短期轮岗，帮助大家做好准备抓住未来可能出现的高需求机会，如成为医务助理、持证护理人员、注册护士或药剂师等。普罗维登斯医疗服务公司在疫情期间采用了各种策略来招募人才，表 8-2 详细列举了本书框架范围以内的那些策略。

表 8-2 普罗维登斯医疗服务公司的部分人才招募策略

新工作机制的元素	普罗维登斯医疗服务公司的例子
对内部人才市场进行解构（第 1 章）	• 建立劳动力储备，分析在新冠疫情发生期间的员工配置需求，并且匹配护理人员技能和迫切的人员需求 • 利用“人员调换团队”来有效地将护理人员从需求量较低的部门调至需求量较高的部门 • 允许部分护理人员跨州流动至最需要他们的地方，以应对新冠病毒感染带来的就诊高峰和疫苗接种工作
自动化（机器人或人工智能）（第 2 章）	• 与供应商合作试行自动抄录，尝试语音识别记录 • 扩大虚拟随访（远程医疗）技术的使用范围，通过互联网与患者进行交流，患者能在家舒服且安全地接受随访。虚拟随访的数量从 2019 年的 6.7 万例增长到 2020 年的超过 160 万例。 • 在招聘、薪资、应付账款、供应链和其他行政管理流程中借助人工智能和机器人流程自动化。在服务中心启用聊天机器人
利用非员工人才资源（第 3 章）	• 与独立的医疗机构签订服务协议，在需要增加人手时借用其员工 • 招募退休护士来负责疫苗接种工作 • 安排临时工来负责迎接患者、测体温和其他通常由护士或临床医生完成的工作 • 利用护士合同工来应对需求激增、罢工和人才短缺的问题 • 制定具有创造力的员工派遣协议，提供传统的和非传统的轮岗服务 • 为疫苗接种工作招募合格的实习生 • 安排看护学徒来负责患者的陪护工作，从而使护士能将主要精力放在重要患者身上
在非护理岗位人员身上发现隐藏的护理能力（第 4 章）	• 在绩效管理平台上建立护理人员技能鉴定库 • 了解护理人员在岗位职责描述之外所拥有的能力 • 对医院高级管理人员从事护理任务的能力进行重新认证
对工作进行持续解构以满足不断变化或突然涌现的需求（第 5 章）	• 使用人工智能来进行预测性招聘，提前数月预测工作需求量 • 让新近重新获得护士证的管理人员流向护士工作，以满足突然大增的护理方面的需求 • 建立“服务支持技师”这个新角色，在配送、运输、仓库和清洁等岗位中增加门岗检查任务
建设跨职能协作型领导力（第 6 章）	• 解决方案中心发现新出现的需求后，汇集人力资源、诊所、护理和运营组织领导者来商讨新方法，有效地解决难题 • 利用自动化技术来排班、配置员工、管理人员需求、提前公布预测的岗位空缺及整合资源管理。所有这些旨在帮助护士主管进行管理，让护士能专心处理高技术含量的工作 • 提出或重新分配非核心的管理和监督任务，允许组织领导者有更多时间为护理人员提供支持
在组织外培育创新（第 7 章）	• 成立风险资金，对能创新地结合员工和自动化技术或推动新结合的公司进行投资

除了当前的创新，普罗维登斯医疗服务公司多年来一直在努力建设合适的人才体系，通过岗位任务来评估哪些工作可以通过自动化、合作（本地和海外）、零工或其他方式（改进护理人员的定位）来提高效率。这些工作不是只在疫情期间才开展。

持证护理人员的角色转变就是一个很好的例子。例如，持证护理人员现在的大部分工作过去都是由护士完成的。医院持证护理人员会配合护士，为患者直接提供护理服务。他们会回复患者的呼叫，协助搬动、清理卧床患者和给患者喂食，监测患者的血压和生命特征，确保患者在进餐时间里摄入足够的营养，并且还会在患者需要较高级别观察护理时进行陪护。某家医院对陪护的需求激增，护士和持证护理人员都不得不来完成这些工作。为应对护士供应短缺的问题，医院对持证护理人员的需求激增，这导致公司在招聘持证护理人员时也遇到了难题。普罗维登斯医疗服务公司为此对持证护理人员的角色进行了解构，了解具体哪些任务和活动可以由护士助理专业的学生来完成。公司设置了“患者看护”的角色，这个角色可以满足大部分陪护人员的需求，并为未来的持证护理人员提供了输送渠道。患者看护人员上岗前要接受 16 周的轮岗培训，接受和持证护理人员相关工作的测试，为将来成为全职的持证护理人员做准备。持证护理人员的关键任务之一是担任陪护人员。这项任务现在被划分给患者看护人员，由此持证护理人员（和护士）可以执行更为复杂的任务。患者看护这一新角色为当前的护理人员和此前难以从事医疗卫生职业的个人提供了职业发展机会。从外部来说，患者看护角色为那些未充分就业的弱势人群提供了争取可持续就业的机会。

把员工当作拥有大量技能的“完整的人”

关于新工作机制，最生动的例子或许就是普罗维登斯医疗服务公司分析了解了护理人员在他们的岗位职责描述之外的能力。史密斯说：“对岗位的关注意味着我们并不了解护理人员的技能。”

护理任务被认定为最重要的瓶颈，为此普罗维登斯医疗服务公司将岗位职责描述放在一边，先着手针对护理任务寻找尚未利用的人才来源。它进行了调查，了解这些过去由护士执行的任务要求执行者拥有哪些技能和证书。不管是临床还是非临床护理人员，都被要求完成这次调查，注明他们所拥有的技能和证书。

企业生产力研究所在2021年的一个案例分析中指出，人工和自动化技术在携手对普罗维登斯医疗服务公司的内部人才市场进行建设和运营。普罗维登斯医疗服务公司组建了一个由75人组成的内部人才市场委员会，委员会的成员来自公司旗下的医疗卫生机构。这个委员会评估了系统内的需求，确保每家机构都有护理人员能拥有满足机构动态需求的技能。委员会每周会碰面数次，对各机构的状态进行分析。此后，另一支人员较少的团队会根据分析结果来进行“红/黄/绿”评估。组织会将拥有所需技能的员工派遣到那些红色（需求非常紧迫）或黄色（需求比较紧迫）的地方。

普罗维登斯医疗服务公司由此针对通常由护士岗位来完成的一些任务建立了一个全面的能力“库”。这个能力库支持以下3种核心任务：

1. 分析哪些护理人员能够执行技术含量最高的持证护士的任务。最初，这些任务可能被视作只能由护士完成。但在分析解构能力的过程中，公司了解到医院管理人员和经理通常是从护士或医生队伍中晋升上来的。对这些人而言，他们的岗位工作并不包括护士的任务，也无法体现他们作为护士或临床医生的能力。但他们仍然拥有那些能力。因此公司鼓励这些个人激活他们的执业证书，能够在行政和管理岗位之外承担部分护士的工作和执行医院一线的其他任务。例如，普罗维登斯医疗服务公司南加州地区的首席执行官发现，大部分医院最高管理者可以每周到一线工作 8 小时，解医院的燃眉之急，缓解新冠疫情期间医院巨大的压力。

这种方式在疫情期间发挥了巨大的作用，因为部分领域（如呼吸治疗部门）对医护人员的需求激增，而其他领域（如非急需外科手术）对医护人员的需求骤降，但传统的员工配置流程无法应对这种情况。在新冠疫苗诞生后，这种方法也发挥了作用。普罗维登斯医疗服务公司找来拥有护士证书的高管、退休的持证护士及有资格的实习生在 7 个州的简易诊所里负责疫苗接种工作。普罗维登斯医疗服务公司华盛顿 / 蒙大拿地区的首席执行官曾经是护士，就连她也轮班负责疫苗管理工作。这些安排让公司的医疗护理人员疫苗接种率在医疗卫生行业中保持最高。

2. 快速安排初级或技能较低的人才负责技术含量较低的任务，例如，在医院入口测量体温、催促和护送患者及物品到护理点，以及有效管理和制作个人防护设备，等等。普罗维登斯医疗服务公司认为护士以外的护理人员也有能力执行这些任务，由此可以将护士解放出来，让他们负责那些需要护士特定技能的任务。

   就这些任务来说，将它们划分到非护士特定任务的做法能够提高护士的工作效率。但传统工作机制将工作与岗位挂钩，将员工视为岗位负责人，所以难以发掘那些拥有一定技能、可以执行部分非护士特定任务的员工，更不用说建立机制将那些任务纳入到他们既有的岗位职责中。在任务和必要技能被解构后，公司就有更大的可能将部分非护士特定的任务转移到其他岗位。例如，护士花了大量时间为患者测量体温，或者询问患者感觉如何。这些任务可以由其他岗位的人员完成，如由接待员和病历管理员完成。比如，病历管理员早已经熟悉在给患者测量体温或检查他们是否有反应且是否感觉良好时应该如何填表。所以让病历管理员负责给患者测量体温和检查情况并填写表格，这种变动并不大。医院接待员也可以花时间在一线给患者测体温和记录数据。如果患者发烧或出现需要特别关注的迹象，那么病历管理员或接待员可以去叫护士。这种解构显示，当让其他人来负责这些非护士特定的任务时，护士有多得惊人的时间可以被释放出来。

除了护士工作之外，疫情带来的另一个解构或重构机会在医院入口处。出于安全考虑，医院限制访客，因此在入口处需要进行检查。部分医院没有因此设立新的岗位，而是评估了保安所需要的技能，然后再去对比医院内部其他岗位的技能要求，发现至少有 6 个岗位有类似的技能要求。为此，医院设置了服务支持技师的岗位，这个岗位要求的技能是配送、运输、仓储和清洁岗位上的人员都拥有的。扮演服务支持技师角色的个人可以使用他的技能履行各种相关职责，从而让医院可以更加灵活地满足患者的护理需求，并满足入口处进行监测的新要求。随着科技的发展和新冠疫情的缓解，在入口处进行监测的需求可能很快就会减少，但医院仍然需要合适的时间在合适的地点安排合适的人员来满足患者需求。领导层、代表服务支持技师角色的工会及护理人员都认为，这个角色会是一个好途径，可以帮助员工抓住医院内的其他工作机会。

3. 更为战略性地针对未来重新设计护士角色。除了寻找其他能执行部分护士任务的护理人员之外，公司另一项重要的工作就是想办法剔除护士角色中不能创造价值的任务，或者对那些无法完全剔除的任务采用创新型方法，如合规培训。合规培训技术含量低，但又是必须进行的，其原因不言自明。2019 年，普罗维登斯医疗服务公司推行了被称为 Qstream 的技术，把每年平均 4 小时的合规培训压缩为一系列知识问题，然后把问题推送到护理人员的手机或工作电脑上。这种简单的创新不仅将每年花在合规培训上的时间缩减 90%，还提高了培训的有效性。按照公司的规模计算，这项创新的结果意味着护士有超过 15 万小时来做更有意义，更能带来满足感且技术含量更高的工作。

通过持续重构工作建立长期价值

在岗位被解构后，我们可以更轻松地通过工作重构来寻找解决人员短缺问题的方案。这些解决方案包括采用来自不同岗位的个体，或那些可以流向重要工作的员工。而按照传统工作机制，这些工作并不在他们的岗位职责范围内。

在上面的例子中，临床和非临床护理人员会流向因新冠疫情蔓延而对护理人员的需求激增的领域，或者参与执行疫苗管理这个单一任务，这些例子很好地说明了人员如何根据工作流动。在分析确认了这些管理人员和经理的技能并且让他们的执业证书得以激活后，另一个解决医护人员短缺问题的方案就是让他们每周在一线工作 8 小时，或者在必要的时候工作更长时间。了解到他们具备相应的资质后，当患者对医护人员的需求突然激增时，公司就有更多的途径来确保患者、社区和劳累过度的护理人员能得到全力的支持。在这种情况下，公司在他们现有的角色中增加了一些任务，以应对人员需求的激增。

这些做法在新冠疫情期间发挥了大作用，也让公司面对人员需求突然增长时能有更多方案可选，但它们可能不适合作为长期的解决人员短缺问题的方案，原因是不太实际或成本太高。能够长期持续的解决方案是对工作持续进行重构的理念和实践，它可以不断地为员工创造意义和培养关系，并为组织和患者创造更多价值。这个概念已经出现百余年（持证护理人员自第一次世界大战以来就为护士们提供支持，不过直到 50 年前，只有持证护士才有资格去测量血压），但普罗维登斯医疗服务公司在两年半前开始加速推动岗位的重构。因为该公司清楚，这是应对当前和未来挑战的最佳方法。蒂尔和史密斯称这种做法“让未来来到了现在”。

建立灵活的创新管理模式

普罗维登斯医疗服务公司的新工作机制要求组织领导者和经理反思他们自身的工作，对工作进行重构，重构后的工作包括每周在医院一线工作 8 小时，负责此前由护士完成的工作。但新工作机制也同样要求对组织领导者和经理的基本角色进行更深入的变革。在对岗位和岗位负责人进行解构后，员工们可以流向此前不在自己岗位职责范围内的工作，下属不再被束缚在他们此前的岗位上，也不再只对某一位经理或组织领导者汇报工作。

例如，假设你是经理，负责管理接待员。而现在，接待员已经离开他们的接待处，去负责检查患者或测体温。这两项任务的优先级别应该怎么设定呢？当医院一线护士提出紧急要求时，你对接待员离岗去支持应该有多大的灵活性呢？

还有一个例子，假设你是医院在南加州地区分院的首席执行官。你已经宣布为表示支持，会安排高层管理人员去激活自己的医师执业证书，他们每周可以到医院一线工作 8 小时，协助进行注射等工作。你会如何安排每周的这 8 小时呢？当高管们在为这个高尚的目标而努力时，你会如何协调他们的需求和愿望呢？当大家都要留时间参加集体会议时，你是否会设置一段不用去一线工作的“核心高管时间”？你是否会建立轮班制，协调大家的日程安排，以最佳方式组合高管任务和医院一线任务呢？

普罗维登斯医疗服务公司的高管很快就发现，必须在一些领域进行创新以支持这种管理和协调，比如，更自动化和更智能的技能评估，组织和岗位设计，员工和任务相关需求管理，监管能力培养，传统薪资和绩效管理体系的重新设计，等等。所有这些创新将人力资源管理者放在了至关重要的位置，他们要推动新工作机制的价值创造，既是为员工，也是为患者。

公司强调对员工个人的“解构”，这一点也会在很大程度上影响到他们的主管。除了上文中提到的重新设计工作机制会相当错综复杂之外，主管也需要对自身角色进行解构，确保自己能够以最佳方式来支持新的工作方法。为了做好准备，普罗维登斯医疗服务公司也同时进行了大量的思考，并投入了大量的资源来剔除或重新分配主管们那些不必要的管理任务，让他们有更多的时间为手下的护理人员提供支持。

例如，对管理护士们的主管而言，这意味着要在空缺产生前自动提出申请，在需求产生前利用分析来提前预测人员需求，并且不再手工排班。

还记得普罗维登斯医疗服务公司自动化的“预测性排班”吗？这个系统为组织领导者和主管创造了新的机会。组织领导者将能利用这个系统来选择如何给员工排班，将排班所耗时间从几小时缩减到 10 分钟。在可以进行自主排班后，护理人员将能够选择适合自身需求的班次。这个系统还能全天候推荐工作所需的技能。在一个样本中，某急诊科发现需要将急诊科技术人员与护士的使用比例调整为 4:1，从而优化员工配置水平，确保在每天患者高峰时能由护士来完成技术含量高的工作。

人力资源部门为新工作机制提供支持和榜样

以上关于领导力、管理和协调的变革都得到了普罗维登斯医疗服务公司人力资源团队的支持。这个团队在过去数年里逐步成为创新型价值创造的行业领头羊。他们是医疗卫生领域的先驱，比如，他们与 IBM 公司建立了创造性的合作关系来改善人才招募、薪资管理和人力资源服务中心的特定任务，而且在有些情况下还使用海外人才来辅助美国的团队。公司还参照其远程医疗模式，建立了一个新的、集中式的虚拟员工关系枢纽，能更快速且有效地解决问题，并将更多任务从人力资源业务合伙人岗位转移给其他人。公司的人力资源团队还率先优化员工和自动化技术的结合，在招聘、薪资管理和服务中心的活动中使用人工智能和机器人流程自动化（自动安排面试时间，寻找更好的技能或任务匹配，更快速给出录用通知，精简薪资交易，并且在上班或休息时间里使用聊天机器人来回答护理人员简单的问题）。

在过去数年里，人力资源团队最明显的改变就是他们能有效地处理人员需求激增和供应短缺的问题，而这些现象在新冠疫情期间更明显。人力资源专业人士必须像制造公司考虑供应链一样来思考人才管理。为此，人力资源团队将招聘当作“需求管理”。例如，众所周知，多年来人员高需求领域的岗位空缺可能需要人力资源部门花上 6 个月的时间才能招募到人员去填补，普罗维登斯医疗服务公司的组织领导者和它的人力资源团队此前通常会等到空缺出现才去找人来填补。自从采用预测性招聘后，人力资源团队会使用人工智能这类工具提前几个月预测工作需求量，让招聘人员和其他人提前几个月就开始着手这方面的工作，从而为填补空缺建立人才输送渠道。

人力资源团队也同样率先开始让大家能根据工作流动。他们不是根据岗位，而是根据解构后的任务设计了新的解决方案中心的概念。一支由项目经理组成的小团队负责协助管理紧迫的任务。他们让拥有合适技能的人员来“竞价”或自愿帮助完成时间有限的项目，有效地为拥有全职工作的零工们建立了一个内部人才市场。这些工作提高了员工的敬业度，并大幅提高了效率，因为护理人员可以根据自身独特的技能和“使命感”去选择如何使用自己的“自由”时间。

新工作机制在最初会让人望而生畏。但当你发现工作可以被有效地解构成任务和技能后，就会发现两者之间有无数种组合方式，也会发现既有的人才系统、流程模型、边界约束等都会存在大量问题。正是因为如此，我们建议大家先小范围启动，寻找本书前面章节中所介绍的触发点。你所在的组织内，工作方面的哪些变化已经让大家意识到旧工作机制不能适应变化，而想要尝试新事物呢？就从这些地方着手。接下来，制作原型，并且使用它向大家展现新工作机制的强大影响力及如何预测和克服潜在的障碍。我们应该先将重点放在这项工作会影响的组织流程上，确定新工作机制能克服的流程瓶颈，然后让新工作机制发挥作用。

新工作机制在组织内站稳脚跟后，就会开始向外扩张。既有的岗位职责描述和岗位负责人资格能力要求很快将无法适应为未来设计工作这个目标。更多利益相关者会看到新工作机制可能带来的巨大好处，于是呼吁扩大原型的范围，覆盖更多工作和劳动力。有了最初的成功，我们将能够更好地系统地引导这种发展。

本书中已经介绍过，工作和员工的定义已经发生了根本性的变化，而员工是未来工作关系的核心。技术和社会的颠覆性变化已经让这些改变加速，并且未来这种改变的速度只会加快不会减慢。就算传统工作机制现在看上去足以应对这些改变，但认真分析后我们就会发现，工作变化的“边缘”早已影响着我们所在的组织。我们当下应该抓住这个机会，了解新工作机制并进行实践，为未来可能面临的工作上的重要挑战做好更充足的准备。此外，我们会有机会创造更擅于赋权、更具包容性且更加敏捷积极的组织，避免因为反应太慢或选择不合适的传统战术而造成不必要的成本损失。我们应该秉承敏捷设计的精神，欢迎新工作机制并进行实践。本书中所介绍的那些巨大收益和机会都还只是冰山一角。

致 谢

首先非常感激许多同事在我们撰写这本书时所给予的启发和挑战，包括南加州大学有效组织中心、企业生产力研究所、美世咨询公司（Mercer）和韦莱韬悦（Willis Towers Watson）的同事们。

特别感谢美世咨询公司的同事们给予我们的鼓励和支持，非常感激伊利亚・博尼克（Ilya Bonic）深思熟虑的投入。同时，也感谢韦莱韬悦以及前同事特蕾西・马尔科姆（Tracey Malcolm）、卡罗尔・哈思韦（Carole Hathaway）和劳里・比恩斯托克（Laurie Bienstock）的支持与贡献。

我们非常感谢稿件审阅者慷慨的忠告和洞察力，以及 MIT 出版社的出色团队，特别是凯瑟琳・卡鲁索（Kathleen Caruso）和保罗・米歇尔曼（Paul Michelman）。特别感激编辑艾米丽・泰伯（Emily Taber）难以置信的耐心和支持，她的指导和洞察力使这本书变得更好。

最后，同样重要的是，我们永远感激我们各自的爱人，莫琳・杰苏萨桑（Maureen Jesuthasan）和梅甘・布德罗（Megan Boudreau），没有她们，这本书永远不可能完成。

参考文献

引 言 打破岗位限制，建立新工作机制

1. Edie Goldberg and Kelley Steven-Waiss, *The Inside Gig: How Sharing Untapped Talent across Boundaries Unleashes Organizational Capacity* (Vancouver, BC, Canada: LifeTree Media, 2020).
2. John W. Boudreau, Ravin Jesuthasan, and David Creelman, *Lead the Work: Navigating a World beyond Employment* (Hoboken, NJ: John Wiley & Sons, 2015).
3. Boudreau, Jesuthasan, and Creelman, *Lead the Work*.
4. John W. Boudreau, "Why Work Platforms Are the Future for American Laborers," Resource Corner, February 27, 2017.
5. "Politicians Cannot Bring Back Old-Fashioned Factory Jobs," *Economist*, January 14, 2017.
6. Andrew Tangel, "Companies Plow Ahead with Moves to Mexico, despite Trump' s Pressure," *Wall Street Journal*, February 8, 2017.
7. "Will the Pandemic Push Knowledge Work into the Gig Economy?," *Harvard Business Review*, June 1, 2020.
8. "A Labor Market That Works: Connecting Talent with Opportunity in

the Digital Age," McKinsey & Company, June 2015.

9. "COVID-19 Has Ushered in the 'Intangible Company' : Here Are 4 Ways It Will Change Business," World Economic Forum, June 16, 2020.
10. Ravin Jesuthasan and John W. Boudreau, *Reinventing Jobs: A 4-Step Approach for Applying Automation to Work* (Boston, MA: Harvard Business Review Press, 2018); Boudreau, Jesuthasan, and Creelman, *Lead the Work*.
11. James Bessen, "Toil and Technology," Finance & Development, March 2015, International Monetary Fund.
12. Thomas Heath, "Bank Tellers Are the Next Blacksmiths," *Washington Post*, February 8, 2017.
13. Amber Murakami-Fester, "Why Bank Tellers Won' t Become Extinct Any Time Soon," Daily Commercial, March 30, 2017.
14. Thomas Bailey and Clive R. Belfield, "Stackable Credentials: Awards for the Future?," Working paper no. 92, Columbia University Community College Research Center, 2017, 8.
15. Boudreau, Jesuthasan, and Creelman, *Lead the Work*.
16. Richard Salame, "The New Taylorism," *Jacobin*, February 20, 2018.
17. Salame, "The New Taylorism."
18. William Bridges, "The End of the Job," *Fortune*, September 19, 1994.
19. Bridges, "The End of the Job."
20. Amy Wrzesniewski and Jane E. Dutton, "Crafting a Job: Revisioning Employees as Active Crafters of Their Work," *Academy of Management Review* 26; no. 2 (2001): 179–201.
21. Arnold B. Bakker and Evangelia Demerouti, "Job Demands-Resources Theory: Taking Stock and Looking Forward," *Journal of*

Occupational Health Psychology 22, no. 3 (2017): 273–285.

22. Alessandra Lazazzara, Maria Tims, and Davide de Gennaro, "The Process of Reinventing a Job: A Meta-Synthesis of Qualitative Job Crafting Research," *Journal of Vocational Behavior* 116, no. 103267 (2020): 103267.
23. Richard Feloni, "Zappos' CEO Says This Is the Biggest Misconception People Have about His Company's Self-Management System," *Business Insider*, February 2, 2016.
24. Bourree Lam, "What Happened after Zappos Got Rid of Workplace Hierarchy," *Atlantic Monthly*, January 15, 2016.
25. Christina DesMarais, "Your Employees Like Hierarchy (No, Really)," Inc., August 16, 2012.
26. "Jeffrey Pfeffer: Do Workplace Hierarchies Still Matter?," Stanford Graduate School of Business, March 24, 2014.

第1章 解构传统固定岗位与人工智能时代的岗位

1. Ravin Jesuthasan and John Boudreau, *Reinventing Jobs: A 4-Step Approach for Applying Automation to Work* (Boston, MA: Harvard Business Review Press, 2018).
2. John W. Boudreau, "Jobs Are Melting into Fluid Work," Center for Effective Organizations, September 29, 2020.
3. John W. Boudreau, *Retooling HR: Using Proven Business Tools to Make Better Decisions about Talent* (Boston, MA: Harvard Business Review Press, 2014); John W. Boudreau and Ravin Jesuthasan, *Transformative HR: How Great Companies Use Evidence-Based Change for Sustainable Advantage* (Nashville, TN: John Wiley &

Sons, 2011).

4. “The Future of Work after COVID-19,” McKinsey Global Institute, February 18, 2021.

第2章 新工作机制下的自动化：技术不是替代者，而是辅助者

1. “Luddite,” Wikipedia, March 15, 2021.
2. “This Robot Scientist Conducted Experiments by Itself during COVID-19 Lockdown,” World Economic Forum, August 4, 2020.
3. “Tommy the Robot Nurse Helps Italian Doctors Care for COVID-19 Patients,” TheWorld, April 8, 2020.
4. Evan Ackerman, “Autonomous Robots Are Helping Kill Coronavirus in Hospitals,” IEEE Spectrum, March 11, 2021.
5. China Xinhua News (@XHNews), “Amid a Novel Coronavirus Outbreak, Robots Are Deployed to Deliver Meals to Travelers in Isolation at a Hotel in Hangzhou, China,” Twitter, January 7, 2021.
6. Pratik Jakhar, “Coronavirus: China’ s Tech Fights Back,” BBC, March 3, 2020.
7. Zak Doffman, “This New Coronavirus Spy Drone Will Make Sure You Stay Home,” *Forbes Magazine*, March 5, 2020.
8. “The Future Chief People Officer: Imagine. Invent. Ignite,” Society for Human Resources Management, January 17, 2020.
9. Ravin Jesuthasan and John W. Boudreau, *Reinventing Jobs: A 4-Step Approach for Applying Automation to Work* (Boston, MA: Harvard Business Review Press, 2018).
10. Bob Trebilcock, “NextGen Supply Chain at DHL,” Modern Materials Handling, March 3, 2018.

11. Vishnu Rajamanickam, “JD.com Opens Automated Warehouse That Employs Four People but Fulfills 200,000 Packages Daily,” Freight Waves, June 25, 2018.

第3章 替代性工作形式：打破传统组织边界，构建工作新生态

1. Joe Gardyasz, “Iowa Manufacturers Pivot Quickly to Produce PPE for HealthCare Workers,” *Innovation Iowa Magazine*, May 21, 2020.
2. Michelle Mark, “An American Factory Owner Who Pivoted to Making Face Shields in 8 Days Has 3 Steps Others Can Follow to Transform Their Factories,” *Business Insider*, April 9, 2020.
3. “How Businesses Are Pivoting to Make PPE for Front-Line Workers,” NBC San Diego, April 10, 2020.
4. “Pivot Power—How GM and Hitachi Moved from Autos to Medical Masks in Six Days,” Hitachi, accessed April 9, 2021.
5. “Renfro CEO: Pivot to PPE Prevented Furloughs, Proved Versatility,” Surry County Economic Development Partnership, August 28, 2020.
6. Eric Volkman, “Kroger to Accept Furloughed Sysco Employees as Temporary Workers,” The Motley Fool, March 30, 2020.
7. Joe Gardyasz, “Iowa Manufacturers Pivot Quickly to Produce PPE for HealthCare Workers,” innovationIOWA, May 21, 2020.
8. Sameer Hasija, V. “Paddy” Padmanabhan, and Prashant Rampal, “Will the Pandemic Push Knowledge Work into the Gig Economy?,” *Harvard Business Review*, June 1, 2020.
9. Patricia Cohen, “This Plan Pays to Avoid Layoffs. Why Don’ t More Employers Use It?,” *New York Times*, August 20, 2020.
10. Melanie Gilarsky, Ryan Nunn, and Jana Parsons, “What Is Work

Sharing and How Can It Help the Labor Market?," *Brookings*, April 16, 2020.

11. Eric Davis, "i4cp' s Talent Ecosystem Integration Model," Institute for Corporate Productivity (i4cp), December 17, 2019.
12. Natalia Peart, "Four HR Officers Create a Solution to Connect People to Work," *Forbes Magazine*, December 9, 2020.
13. John W. Boudreau, Ravin Jesuthasan, and David Creelman, *Lead the Work* (Hoboken, NJ: John Wiley & Sons, 2015).

第4章 新工作机制下的员工：掌握人工智能时代的终身学习密码

1. "Computer and Information Technology Occupations," U.S. Bureau of Labor Statistics, May 14, 2021.
2. Ginni Rometty, "We Need to Fill 'New Collar' Jobs That Employers Demand: IBM' s Rometty," *USA Today*, December 13, 2016.
3. "Make It," CNBC, March 2, 2016.
4. "IBM News Room," accessed June 26, 2021.
5. Rodney Petersen, Danielle Santos, Matthew C. Smith, Karen A. Wetzel, and Greg Witte, "Workforce Framework for Cybersecurity (NICE Framework)," National Institute of Standards and Technology.
6. "16 More Industry Leaders Commit to Principles to Grow the Nation' s Cybersecurity Workforce—the Aspen Institute," February 26, 2020.
7. Quoted in Thomas Bailey and Clive R. Belfield, "Stackable Credentials: Awards for the Future?," Working paper no. 92, Columbia University Community College Research Center, 2017.
8. Bailey and Belfield, "Stackable Credentials."
9. Bailey and Belfield, "Stackable Credentials."

10. Rachel Vilsack, "Workforce Update: Workers without a College Degree Are Disproportionately Impacted by Covid-19 Job Losses," National Skills Coalition, July 9, 2020.
11. "Military Crosswalk Search," O*Net Online, accessed April 9, 2021.
12. "The Reskilling Revolution: Better Skills, Better Jobs, Better Education for a Billion People by 2030," World Economic Forum, January 22, 2020.
13. Kyle Demaria, Kyle Fee, and Keith Wardrip, "Exploring a Skills-Based Approach to Occupational Mobility," 2020, Federal Reserve Bank of Philadelphia and Federal Reserve Bank of Cleveland.
14. "Occupational Mobility Explorer," accessed June 26, 2021.
15. Kate Whiting, "This Is How AI Can Unlock Hidden Talent in the Workplace," accessed June 26, 2021.
16. Jill Larsen, "At Cisco, We're Trying to Create Our Own 'Gig Economy' for Employees," Ere, May 19, 2017.
17. "EmPath," accessed April 9, 2021.

第5章　对新工作机制的持续优化：打造以人为本的工作

1. Yaarit Silverstone, Himanshu Tambe, and Susan M. Cantrell, "HR Drives the Agile Organization," Accenture, accessed April 9, 2021.
2. Morgan R. Frank, David Autor, James E. Bessen, Erik Brynjolfsson, Manuel Cebrian, David J. Deming, Maryann Feldman, Matthew Groh, José Lobo, Esteban Moro, Dashun Wang, Hyejin Youn, and Iyad Rahwan, "Toward Understanding the Impact of Artificial Intelligence on Labor," *Proceedings of the National Academy of Sciences* 116, no. 14 (April 2019): 6531–6539.

3. Kevin Kelly, *The Inevitable: Understanding the 12 Technological Forces That Will Shape Our Future* (New York: Penguin Press, 2017).
4. Kelly, *The Inevitable*.
5. Arthur Yeung and Dave Ulrich, *Reinventing the Organization: How Companies Can Deliver Radically Greater Value in Fast-Changing Markets* (Boston, MA: Harvard Business Review Press, 2019).
6. "Holacracy," accessed April 9, 2021.
7. Gary Hamel and Michele Zanini, *Humanocracy: Creating Organizations as Amazing as the People inside Them* (Boston, MA: Harvard Business Review Press, 2020).
8. Ravin Jesuthasan, "Metrics for the Future of Work," HR Tech Outlook, accessed April 9, 2021.

第6章 新工作机制下的领导力：从建立权威到赋权于员工的转变

1. John W. Boudreau and Pete Ramstad, "COVID' s Hidden Promise: Future Work Design is Agile Innovation," LinkedIn, February 9, 2021.
2. Boudreau and Ramstad, "COVID' s Hidden Promise."
3. John W. Boudreau, *Retooling HR: Using Proven Business Tools to Make Better Decisions about Talent* (Boston, MA: Harvard Business Review Press, 2014).
4. Mike Walsh, "When Algorithms Make Managers Worse," *Harvard Business Review*, May 8, 2019.
5. John W. Boudreau, Carolyn Lavelle Rearick, and Ian Ziskin, *Black Holes and White Spaces: Reimagining the Future of Work and HR with the CHREATE Project* (Alexandria, VA: Society for Human Resources Management, 2018).

6. Antonio Zappulla, "The Future of Business? Purpose, Not Just Profit," World Economic Forum, January 17 2019.
7. "HR4.0: Shaping People Strategies in the Fourth Industrial Revolution," World Economic Forum, December 2019.
8. "An Exciting New Normal for Flexible Working," Unilever, June 23, 2020.
9. "Understanding and Measuring Job Quality, Part 2: Indicators of Job Quality," Chartered Institute of Personnel and Development (CIPD), January 8, 2018, 4.
10. "Mutual Gains Approach," Wikipedia, April 14, 2018.
11. John W. Boudreau and Jonathan Donner, "Are You Ready to Lead Work without Jobs?," *Sloan Management Review*, April 8, 2021.
12. Ravin Jesuthasan and John W. Boudreau, *Reinventing Jobs: A 4-Step Approach for Applying Automation to Work* (Boston, MA: Harvard Business Review Press, 2018).
13. Robert Goffee and Gareth Jones, *Why Should Anyone Be Led by You?: What It Takes to Be an Authentic Leader* (Boston, MA: Harvard Business Review Press, 2006).
14. John W. Boudreau and Jonathan Donner, "Are You Ready to Lead Work without Jobs?"

第7章　新工作机制与社会政策的协同变革

1. John W. Boudreau, "Work in the Future Will Fall into These 4 Categories," *Harvard Business Review*, March 17, 2016.
2. Joseph Fuller, Manjari Raman, Allison Bailey, and Nithya Vaduganathan, "Rethinking the On-Demand Workforce," *Harvard*

Business Review, November 1, 2020.

3. "The Promise of Platform Work: Understanding the Ecosystem," World Economic Forum, January 2020.
4. Wayne F. Cascio and John W. Boudreau, "Talent Management of Nonstandard Employees," in *The Oxford Handbook of Talent Management*, ed. David G. Collings, Kamel Mellahi, and Wayne F. Cascio (Oxford, UK: Oxford University Press, 2017), 494-520.
5. Christa L. Wilkin, "I Can' t Get No Job Satisfaction: Meta-Analysis Comparing Permanent and Contingent Workers," *Journal of Organizational Behavior* 34, no. 1 (2013): 47-64.
6. Michael Clinton, Claudia Bernhard-Oettel, Thomas Rigotti, and Jeroen de Jong, "Expanding the Temporal Context of Research on Non-Ppermanent Work: Previous Experience, Duration of and Time Remaining on Contracts and Employment Continuity Expectations." *Career Development International* 16, no. 2 (2011): 114-139.
7. Lydia Aletraris, "How Satisfied Are They and Why? A Study of Job Satisfaction, Job Rewards, Gender and Temporary Agency Workers in Australia," *Human Relations: Studies towards the Integration of the Social Sciences* 63, no. 8 (2010): 1129-1155.
8. Peter Allan and Stephen Seinko, "A Comparison of Contingent and Core Workers' Perceptions of Their Jobs' Characteristics and Motivational Properties," *S. A. M. Advanced Management Journal* 62, no. 3 (1997): 4-9.
9. Joseph P. Broschak and Alison Davis-Blake, "Mixing Standard Work and Nonstandard Deals: The Consequences of Heterogeneity in Employment Arrangements," *Academy of Management Journal* 49, no. 2 (2006): 371-393.

10. John W. Boudreau and Robert Cross, "Are Freelancers Your Best Performers? Applying ONA to the Gig Economy," Visier, May 8, 2018.
11. This section based on Boudreau and Cross, "Are Freelancers Your Best Performers?"
12. "Organizational Network Analysis," Wikipedia, January 21, 2021.
13. "What Is Organizational Network Analysis (ONA)?," Rob Cross, February 16, 2020.
14. Rob Cross and Robert J. Thomas, "A Smarter Way to Network," *Harvard Business Review*, July-August 2011.
15. Rob Cross, Rob, Tina Opie, Greg Pryor, and Keith Rollag, "Connect and Adapt," *Organizational Dynamics* 47, no. 2 (2018): 115-123.
16. John W. Boudreau, "New Ways of Getting Work Require a Common Language of Work," CFO, March 25, 2015.
17. "7 Ways the Private Sector Can Contribute to Universal Health Coverage," World Economic Forum, September 20, 2019.
18. "Universal Health Coverage," Worldbank, accessed April 10, 2021.
19. "The Promise of Platform Work: Understanding the Ecosystem," World Economic Forum, January 2020, 12; Karolien Lenaerts, Willem Pieter De Groen, Zachary Kilhoffer, Romain Bosc, and Nicolas Salez, "Online Talent Platforms, Labour Market Intermediaries and the Changing World of Work," CEPS, May 16, 2018.
20. Chris Forde, Mark Stuart, Simon Joyce, Liz Oliver, Danat Valizade, Gabriella Alberti, Kate Hardy, Vera Trappmann, Charles Umney, and Calum Carson, "The Social Protection of Workers in the Platform Economy," European Parliament, December 7, 2017, 11.
21. Andrew Boozary, "Universal Health Care: The Affordable Dream," *Harvard Public Health Review*, April 16, 2015.

22. "Universal Basic Income," Wikipedia, April 6, 2021.
23. "Andrew Yang for Mayor of NYC: Forward New York," Yang2020, accessed April 10, 2021.
24. Guy Standing, "Coronavirus Has Made Basic Income Not Just Desirable but Vital," World Economic Forum, April 13, 2020.
25. Vili Lehdonvirta, "Could Universal Basic Income Counter the Gig Economy' s Problems?," Oxford Internet Institute, April 13, 2017.
26. The World Bank, "Protecting People and Economies: Integrated Policy Responses to COVID-19," The World Bank, May 17, 2020, 13.
27. Sarah Holder, "2021 Will Be the Year of Guaranteed Income Experiments," Bloomberg CityLab, January 4, 2021.
28. Heather Somerville, "Seattle Passes Law Letting Uber, Lyft Drivers Unionize," Reuters, December 14, 2015.
29. US Chamber of Commerce, "U.S. Chamber Files Lawsuit Challenging Seattle' s Drivers' Union Ordinance," March 3, 2016.
30. Daniel Weissner, "U.S. Court Revives Challenge to Seattle' s Uber, Lyft Union Law," Reuters, May 11, 2018.
31. Kurt Vandaele, "Will Trade Unions Survive in the Platform Economy? Emerging Patterns of Platform Workers' Collective Voice and Representation in Europe," Working paper, European Trade Union Institute, 2018, 6, accessed April 10, 2021.
32. Vandaele, "Will Trade Unions Survive in the Platform Economy?"
33. John W. Boudreau, "Are Unions Tomorrow' s Work Platforms?," Visier, September 25, 2018.
34. "STUNT & SAFETY 2014 TV/Theatrical Contracts Digest," Sag-Aftra, accessed April 9, 2021.
35. Adam Davidson, "What Hollywood Can Teach Us about the Future of

Work," *New York Times*, May 5, 2015.

36. "CAPS Payroll," accessed April 10, 2021.
37. John Marcus, "More Students Are 'Stacking' Credentials en Route to a Degree," *Wired*, June 2, 2020.
38. "Persistence & Retention: 2019," National Student Clearinghouse Research Center, July 10, 2019.
39. "Completing College: 2019 National Report," National Student Clearinghouse Research Center, December 2019.
40. Evelyn Ganzglass, "Scaling 'Stackable Credentials,'" Center for Postsecondary and Economic Success at the Center for Law and Social Policy (CLASP), March 2014, 7–8.
41. Lynda Gratton and Andrew Scott, *The 100-Year Life: Living and Working in an Age of Longevity* (London, England: Bloomsbury Business, 2017).
42. Jeff Schwartz, Kelly Monahan, Steve Hatfield, and Siri Anderson, "No Time to Retire: Redesigning Work for our Aging Workforce," Deloitte, December 7, 2018.
43. "Are We All Becoming Freelancers?," SwissLife, June 6, 2017.

结 语 积极拥抱变化，成为不可替代的进化者

1. Kari Naimon, "Deconstruct to Reconstruct How Providence Health System Built an Internal Talent Marketplace," Institute for Corporate Productivity (i4cp), February 10, 2021.
2. Emily DeCiccio, "'Planning is the Antidote to Panic': Providence Hospital System Defies America's Slow Vaccine Rollout Trend," CNBC, January 4, 2021.

未来，属于终身学习者

我们正在亲历前所未有的变革——互联网改变了信息传递的方式，指数级技术快速发展并颠覆商业世界，人工智能正在侵占越来越多的人类领地。

面对这些变化，我们需要问自己：未来需要什么样的人才？

答案是，成为终身学习者。终身学习意味着永不停歇地追求全面的知识结构、强大的逻辑思考能力和敏锐的感知力。这是一种能够在不断变化中随时重建、更新认知体系的能力。阅读，无疑是帮助我们提高这种能力的最佳途径。

在充满不确定性的时代，答案并不总是简单地出现在书本之中。“读万卷书”不仅要亲自阅读、广泛阅读，也需要我们深入探索好书的内部世界，让知识不再局限于书本之中。

湛庐阅读 App：与最聪明的人共同进化

我们现在推出全新的湛庐阅读 App，它将成为您在书本之外，践行终身学习的场所。

- 不用考虑“读什么”。这里汇集了湛庐所有纸质书、电子书、有声书和各种阅读服务。
- 可以学习“怎么读”。我们提供包括课程、精读班和讲书在内的全方位阅读解决方案。
- 谁来领读？您能最先了解到作者、译者、专家等大咖的前沿洞见，他们是高质量思想的源泉。
- 与谁共读？您将加入优秀的读者和终身学习者的行列，他们对阅读和学习具有持久的热情和源源不断的动力。

在湛庐阅读App首页，编辑为您精选了经典书目和优质音视频内容，每天早、中、晚更新，满足您不间断的阅读需求。

【特别专题】【主题书单】【人物特写】等原创专栏，提供专业、深度的解读和选书参考，回应社会议题，是您了解湛庐近千位重要作者思想的独家渠道。

在每本图书的详情页，您将通过深度导读栏目【专家视点】【深度访谈】和【书评】读懂、读透一本好书。

通过这个不设限的学习平台，您在任何时间、任何地点都能获得有价值的思想，并通过阅读实现终身学习。我们邀您共建一个与最聪明的人共同进化的社区，使其成为先进思想交汇的聚集地，这正是我们的使命和价值所在。

Work without Jobs:How to Reboot Your Organization's Work Operating System by Ravin Jesuthasan and John W. Boudreau

浙江省版权局图字：11-2025-076

图书在版编目（CIP）数据
重新发明工作 /（美）拉万・杰苏萨桑，（美）约翰・布德罗著；粟志敏译．-- 杭州：浙江科学技术出版社，2025. 8. -- ISBN 978-7-5739-1825-3
Ⅰ. B026-49
中国国家版本馆 CIP 数据核字第 20254DW279 号

书　　名　**重新发明工作**
著　　者　[美] 拉万・杰苏萨桑　[美] 约翰・布德罗
译　　者　粟志敏

出版发行　**浙江科学技术出版社**
地址：杭州市环城北路 177 号　邮政编码：310006
办公室电话：0571－85176593
销售部电话：0571－85062597
E-mail:zkpress@zkpress.com
印　　刷　天津中印联印务有限公司

开　本	710mm×965mm　1/16	**印　张**	15.5
字　数	215 千字		
版　次	2025 年 8 月第 1 版	**印　次**	2025 年 8 月第 1 次印刷
书　号	ISBN 978－7－5739－1825－3	**定　价**	109.90 元

责任编辑　陈　岚　　**责任美编**　金　晖
责任校对　张　宁　　**责任印务**　吕　琰